樂律

優勢賽局

心理學思維下的
欲望陷阱

囚徒困境　　最後通牒

帕雷托最適　　厄爾法羅酒吧問題

從混亂中找出秩序，
獲得最佳資源分配！

▶轉化抽象術語為具體實例，幫助讀者釐清概念
▶收集客觀充足的證據資料，讓觀點更有說服力
▶透過微小動作洞察人心，提升你的社交敏銳度

穆臣剛 著

敵我之間的邏輯較量，面臨困境如何突出重圍？
讀懂「賽局心理學」，在生活舞臺上傲視全場！

目錄

目錄

目錄

前言

「賽局」這門學問聽起來玄之又玄，其實並沒有那麼神祕。賽局就是人與人圍繞種種利益的競爭 —— 它既包括對抗性的，也包括合作性的。比如國與國之間的外交、兩支軍隊作戰、商業合作或競爭、企業管理、人與人交往、夫妻相處、親子教育……大而言之，這些都可以被稱為「賽局」。

賽局論可以被簡單地描述為「如何透過謀劃而採取一定的行動（策略選擇），使自己在競爭中獲勝的理論」。賽局論只有近百年的歷史，而人類的賽局行為卻已進行了幾千年，而且只要有人類存在，人與人之間的賽局就還要進行下去。

賽局源自生活，是樸素生活中凝結的智慧。無論是柴米油鹽的生活瑣事，還是戀愛、學習或者工作，賽局都在其中扮演著舉足輕重的角色；不管是修身與齊家，還是治國平天下，賽局也都在影響著人們的決策和成功。

人生時時皆賽局，生活處處皆賽局，身邊事事皆賽局。我們生活在一個充滿賽局的世界裡，學習賽局心理學，可以使我們充滿智慧，令我們理性選擇，幫我們克制私慾，助我們從容前行。

前言

本書開列數章，以生動有趣的文筆，將賽局知識和故事巧妙結合，著力點透各種賽局法則的表象與內裡、正面與反面、大智與小策、大得與小失的複雜關係，集結各種經典案例並解其中深意，力圖舉一反三，即可有所鑑，又可有所用。讓讀者朋友在遍及古今的故事長廊裡，感受賽局的精巧和運籌帷幄的快感，從而體悟到生存的智慧和方略。

透過閱讀本書，你會發現聽起來有些高深莫測的「賽局學」，原來是這樣的有趣。掌握了賽局論的一些基本原理，你的思維方法會隨之改變，以前在你看來百思不得其解的問題或者生活中見怪不怪的現象，都可以從裡面找到答案——比如：為什麼同樣的話，從有些人嘴裡說出來會讓人更樂於接受？為什麼有時候靜觀其變反而能達到以不變應萬變的效果？為什麼有些人表面一套背後一套，而有些人卻能識破這種伎倆？狹路相逢，往前衝與向後退孰得孰失？孩子因為要求沒有被滿足而哭鬧，父母該不該妥協？父親對兒子發出諸如「如果你×××，我就和你斷絕父子關係」這樣的威脅會有效果嗎？競爭中實力弱小就一定處於劣勢嗎？有沒有可能透過「搭便車」或者「坐山觀虎鬥」來贏得最終的勝利？半途而廢也是值得提倡的嗎？有哪些人為的安排可以讓你在談判中占盡上風？背水一戰、破釜沉舟為什麼能夠取得戰爭的勝利……

生活有無限種可能，也有無限種狀況，沒有任何一本書能窮盡生活中的各種可能。但是透過閱讀本書，你會發現，同樣一件事情，如果採用賽局論中所說的「策略性思維之道」，許多難題都會迎刃而解，同時你會獲取更多的收益。

　　你眼前的這本書，是一本不需要任何經濟學或者數學基礎就能輕鬆閱讀的書；你會覺得它很有趣，有趣到你隨便翻開哪一頁都能意興盎然地讀下去；很實用，實用到你覺得學習了這裡面的賽局論常識，你的思維方式起了「革命性」的變化，對一些事情的認知、理解及處理方式的選擇有「豁然開朗」之感；同時，你會對賽局論產生一定的興趣，甚至覺得透過本書了解賽局論還有些「不過癮」，願意自己再來搜尋一些更深、更全面的賽局論著作來更加系統地學習。

　　當然，以上這些話，也可以看作是我跟你之間一個小賽局。是否願意翻看或者購買本書，您會如何做出選擇呢？

第一章

人與人的交往，心與心的賽局

人與人之間的接觸，其實就是心與心之間的賽局。賽局就像一個又一個策略的集合，不同的策略選擇會出現不同的結果。每一件事情中的取捨，都意味著透過選擇合適的策略來達到合意的結果。每一個人都會對自己的策略慎之又慎，這就是賽局能夠帶給我們的樂趣所在，也讓我們在生活中找出更多的精采。為了實現自己的利益，也為了與他人更好地合作，我們都需要學習一些關於賽局的策略思維。

1. 生活處處皆賽局

賽局無處不在，日常生活中的一切，均可用賽局來解釋。

清晨，當人們踏進菜市場的那一刻，賽局其實已經開始了。在挑選青菜時，一些家庭主婦總愛挑揀新鮮的，還要把枯黃的葉子揪掉；而賣菜的小販就會極力勸阻：「大哥大姐啊，那些都能吃，不是壞，是缺水了，別挑了，每把菜上都有……」

買菜的為了挑到滿意的菜，賣菜的為了賣出更多的菜，雙方不斷調和，最終達成一致，這就是個賽局的過程。生活中，賽局無處不在，只是人們沒有把自己的日常經歷理解成一種賽局。很多平凡的事情，甚至是某一刻自己的一個心理活動，都可以用賽局論來進行解釋。

任何一個賽局者為了獲得自身的最大利益，都不免會與他人形成競爭關係，最終達到雙方的均衡。可能有人會懷疑，朋友之間、親人之間怎麼會存在利益之爭？這裡的「利益」，不單指具體的錢財，也可以是心理上的滿足，或者是其他的目的。

　　比如：你有個在遠方上學的好友可能今天過生日，但你又不是很確定：如果是朋友的生日，傳條訊息過去祝福一下，人家會感覺溫馨；如果不傳，人家就覺得這個朋友太冷漠；如果不是朋友的生日，傳訊息過去，記錯人家的生日很尷尬；如果不傳，那就什麼事都沒發生一樣。在這裡，你就是在和朋友的態度進行一場賽局，什麼樣的方式才是最能讓朋友開心的呢？

　　在這場賽局中，不管今天是不是朋友的生日，打個電話過去問候一下無疑是比較正確的選擇。哪怕不提生日的事，就說「天氣冷了注意保暖」都是好的。如果不是好友生日，正好聯絡了感情；如果是好友生日，他的注意力也轉移到了被關心的角度上，讓他覺得這個朋友什麼時候都是關心自己的。

　　有時要想在賽局中獲得成功，還需要清楚地了解自己，正所謂知己知彼方能百戰百勝。特別是在商界的賽局中，賽局者不僅要考慮對方的成本、態度以及對自己行為做出的反應，還要把自己的籌碼考慮進去。

　　在經濟學中，賽局的基礎就是利益的爭奪。參與的雙方是利益的競爭者，為了實現自己利益的最大化，同對方抗衡。在抗衡的過程中，競爭者不僅要清楚自己的實力，還要了解對方的情況。

　　也許有人會認為賽局論是很高深的理論，然而事實並非如此。有關賽局論的研究在 18 世紀已經開始了，但是直到 20 世紀，才形成真正的賽局理論體系。經過了幾十年的研究，賽局論終於從科學研究變成一條條淺顯的道理，走入尋常百姓的生活。人們平時遇到的現象，也都可以從賽局中找到答案。

　　比如大學生在找工作的過程中，是選擇待遇好但是枯燥的，還是選擇符合自己興趣但是待遇低的，這就是同自己的賽局。在選擇的過程中，必須考慮自己的收益情況，達到一種均衡。你想先賺錢，等有了積蓄可以再去實現自己的理想；或者一定要遵從自己的興趣所在，從自己的興趣中發掘出工作的最大價值。與自己的內心進行對抗，在不同的策略中做出選擇，這就是一種賽局。

　　人們常說生活複雜，其實就是沒有看透賽局。不能在賽局中尋找最佳策略方式，也就不能很好地駕馭生活。人們每天都在考慮該怎麼處理複雜的關係，各種煩瑣的事情往往讓人覺得煩惱，如果你擁有高超的賽局技巧，那麼你的生活也就更加輕鬆。相反，如果你沒有高超的賽局技巧，你的生活也許就不會那麼如意。

　　一位流浪漢在公園裡發現了一隻走失的小狗，小狗脖子上沒有狗牌，不知是誰家走失的。於是，他把小狗帶回了自

己簡陋的住所，想明天再來公園看看會不會有主人來找。第二天，流浪漢果然在公園的一棵樹上發現了尋狗啟事，啟事裡說如果能把狗送回，他們願意支付五千個金幣。

看到這裡，流浪漢很興奮，興沖沖地準備回去抱狗，心裡想著，這下發財了。可是走到半路，流浪漢又改變主意了，既然狗主人這麼重視這隻小狗，我再等一天，說不定獎金還能再加。果然，第三天清晨流浪漢發現，懸賞金增加到了一萬個金幣。

流浪漢不知見好就收，還想再等一天，再等一天就送回去。結果，小狗養尊處優慣了，根本不習慣這種簡陋、惡劣的環境，不多久就餓死在流浪漢的家裡，小狗一死，賞金自然也泡湯了。

很明顯，這個流浪漢太過貪心，只顧著自己利益的最大滿足，忽略了小狗自身的承受力，因此失去了一次發財的機會。由於自己的貪心，他最終成為一個失敗的賽局者。

賽局也是一種心理對抗，與別人對抗，與自己對抗，這種心理對抗無處不在。如果把生活比作一場賽局，誰擁有高超的心理對抗能力，誰就能掌握賽局的主動權。

2. 你是個理性的人嗎

　　哲學家說，人是感情動物，因為人們在對某種事情做出決策時不是完全理性的，而是有限的理性。所謂有限理性，意思就是說，人類不同於編好程序的計算機系統，人的理性是有限度的。

　　李銘和趙娜是一對大學生情侶，週末的時候，兩個人說好到電影院看電影，由李銘請客，理由是前幾天李銘與趙娜打賭輸了，打的什麼賭呢？其實就是賭第二天的天氣好壞。

　　李銘到電影院看到海報的宣傳票價是 350 元一張，兩張就是 700 元，他帶了 1,000 元，足夠買兩人的票。由於離約定的時間還有半個小時，他就在超商買了杯飲料喝了起來。等趙娜來了之後，兩個人一起去買票，這時李銘發現自己弄丟了 100 元，估計是買飲料的時候丟的。此時，看到李銘沮喪的樣子，趙娜就安慰他說：「要不我們不看了，回去吧？」李銘說：「我還有 800 多塊，買票完全夠用的！為什麼不看呢？」於是兩人高高興興地進了電影院。

　　為了感謝男友，看完電影後，趙娜對李銘說：「下週市中心有一場音樂會，我請你！」很巧的是，音樂會門票的團購價格也是 350 元一張，兩人是 700 元。趙娜吸取了李銘的教訓，

提前就買好了兩張座位相鄰的票。不幸的是，等她和男友一起走到檢票口時，趙娜突然發覺買好的票找不到了，這令她十分焦急。李銘安慰她說：「算了，我這裡還有錢，我請妳，我們重新買票吧！」趙娜卻沮喪地說道：「票都丟了，沒有心情聽了，我們回去吧。」就這樣，這次音樂會沒有聽成。

這個故事說明：不管是李銘還是趙娜，大多數人在遇到第一種情況時都會選擇繼續看電影。而在第二種情況下，大多數人都會選擇放棄。這明顯是受到人們感性影響的結果。其實，大家應該清楚，如果人們是完全理性的話，這兩種情況的預期效用應該是一樣的。

美國一位心理學家曾對一個實驗組提出了這樣的問題：一個山村裡突然爆發了一種罕見的疾病，如果不加控制，可能會導致 90 位村民全部死亡。由於村裡醫療設施有限，只有兩種備選的救治方案可供選擇。實驗群體被分成兩組，每組進行相應的選擇。假設對方案實施結果的準確估算如下。

○ 實驗群體 1 的選擇是：如果方案 1 被採納，能拯救 30 人；若方案 2 被採納，有 1/3 的可能性拯救 90 人，2/3 的可能性一個也不會救活。

○ 實驗群體 2 的選擇是：如果方案 1 被採納，則會導致 60 人死亡；若方案 2 被採納，有 1/3 的可能性把人全部救活，2/3 的可能性會導致 90 人全部死亡。

大家看到，如果人們是完全理性的，那麼兩組人的選擇結果應該相同。但實際的實驗結果顯示，在第一個實驗群體中，有 72％的人更偏好第一種方案；而在第二個實驗群體中，有 68％的人更偏好第二種方案。由此可以看出，研究者由於對方案描述的不同而影響到人們的心理選擇，所以說大部分人心理並不是完全理性的。

再舉一個例子，那就是拋硬幣打賭遊戲。當玩過了一次之後，又被問到是否重新來一次的時候，大部分人的回答完全取決於他們第一次是否贏了。然而，如果在第一次的結果出現之前就決定是否再來一次的話，大部分人都不願賭下一次。這種行為的思考模式是，如果第一次的結果已知，贏的人就會認為在第二次打賭中不會損失什麼，輸的人便會將希望寄託在下一次打賭中。但是如果第一次結果未知，雙方都沒有足夠的理由來玩第二次。

如果人們完全具有理性的心理，就意味著人們對每個選擇的確切後果都有完全的了解。但是事實上，一個人對自己的行動條件的了解，從來都只是零碎的。當然，從另一方面來說，人們的精力和時間永遠是有限的，人不可能完全理性，不可能掌握所有的知識和資訊。意圖掌握自己想知道的所有資訊，本身就是不理性的行為。所以，有時候退而求其次，反而是更理性的選擇。

3. 賽局論教會你「策略化思維」

2005 年諾貝爾經濟學獎授予了紐約州立大學石溪分校經濟系和決策科學院教授、具有以色列和美國雙重國籍的羅伯特·歐曼（Robert John Aumann）以及美國人托馬斯·克倫比·謝林（Thomas Crombie Schelling），理由是兩位經濟學家利用賽局論理論研究人與人、國與國之間的衝突或合作關係產生的原因，加深了我們對衝突與合作的理解。這是近十多年來賽局論及其應用研究的學者第六次榮獲諾貝爾經濟學獎。

說到賽局論為何會如此備受關注，人們可以列舉一大堆理由 —— 比如：國家利益衝突和國內社會矛盾激烈化為賽局論的應用和發展提供了現實基礎；賽局論充分展現了整體方法論，它提供了一套研究利益衝突與合作的方法；賽局論與辯證法緊密相連，進一步演繹和發展了辯證邏輯；賽局論的應用使人們對經濟運行過程的理解更貼近現實等等。但對於大多數讀者，尤其是對經濟學、數學不太了解的讀者而言，學習賽局論的好處在於，它能教會你「策略化思維」。

讓我們來看下面的例子：

　　西元前 203 年，已是楚漢相爭的第三個年頭，兩軍在廣武對峙。當時項羽糧少，欲求速勝，於是隔著廣武澗衝著劉邦喊話：「天下匈匈數歲者，徒為吾兩人矣。願與漢王挑戰，決雌雄，勿徒苦天下之民父子為也。」意思是說，天下戰亂紛擾了這麼多年，都是因為我們兩個人的緣故。現在我們兩個「單挑」以決勝負，免得讓天下無辜的百姓跟著我們受苦。面對項羽的挑戰，劉邦是如何應答的呢？「漢王笑謝曰：『吾寧鬥智，不能鬥力！』」就是說，我跟你比的是策略，而不是跟你比誰的武功更高、力氣更大。

　　比起項羽，劉邦顯然更具有策略性思維，也就是說，劉邦的想法更符合賽局論。因為雖然現實生活中的很多對抗局勢，其勝負主要取決於身體素養或者運動技能，比如百米賽跑、跳高比賽、公平決鬥等，要在這些對抗局勢中獲勝，你只需要鍛鍊身體技能就可以了。這樣的對抗局勢雖然也可納入賽局論的研究範疇，但是這些絕非賽局論研究者最感興趣的話題。在更多的對抗局勢中，其勝負很大程度上甚至完全依賴於謀略技能。比如一場戰爭的勝負，往往取決於雙方的策略和戰術，而不是哪一方的統帥體力更好，武功更高。要在這樣的對抗局勢中獲勝，你需要鍛鍊的是謀略技能，也就是上文劉邦所說的「吾寧鬥智，不能鬥力」。眾所周知，楚漢相爭的結局是劉邦贏得了天下，而項羽兵敗自刎而死。「鬥智」才是賽局論研究

者深感興趣的，同時也是我們學習賽局論能夠有所收穫的。

在人生的競技場中，渴望成功是每個人的天性。所以，人們一直努力磨礪競爭的技巧，並希望尋找到成功的法則。雖然事實上沒有什麼法則可以確保人們絕對成功 —— 就像世界上從來不存在真正的「常勝將軍」一樣，但是競爭的技巧的確是可以透過磨礪而來，也可以從學習中掌握。它雖然不能使一個人永遠立於不敗之地，但是卻可以改善一個人在競爭中的處境，增加獲得成功的機會 —— 即使是失敗，人們也力求將失敗的損失降到最低，這也是為什麼人們更願意接受損兵折將的結果，而不願看到一敗塗地的局面。而學習賽局論 —— 即學習策略性的思維之道，恰恰可以滿足人們獲取成功、避免失敗的心理要求。也就是說，賽局論將提供必要的知識工具，讓你在賽局中使你的利益最大化。

電影《美麗境界》（*A Beautiful Mind*）於 2001 年由美國環球影業出品，該片藝術地再現了數學天才、1994 年諾貝爾經濟學獎得主之一、罹患妄想型思覺失調症 30 多年又奇蹟般地恢復正常的約翰·奈許（John Forbes Nash Jr.）傳奇般的人生經歷。

此片一舉囊括了第 59 屆金球獎 5 項大獎，並榮獲 2002 年第 74 屆奧斯卡 4 項大獎。要想更好地了解賽局論，不妨欣賞一下該片，因為很多人對賽局論的興趣正是由《美麗境界》這部電影而引發的。

4. 不要損害別人的利益

我們每人都玩過撲克牌，現在就請大家玩一下撲克牌對色遊戲。

A、B 兩個參與者，每人從自己的撲克牌中抽一張出來，一起翻開。如果顏色相同，A 輸給 B 一塊錢；如果顏色不同，則 A 贏 B 一塊錢。我們把「鬼牌」從撲克牌取出，以確保一副撲克牌中只有紅和黑兩種顏色。所以，每個參與者的策略都只有兩個：一是出紅，二是出黑。

在這個遊戲中，如果贏得一塊錢用 1 來表示，輸掉一塊錢用 -1 表示，那麼讓我們來分析一下可能出現的結果：

○ A 出紅 B 也出紅，顏色相同，A 輸掉一塊錢，得 -1，B 贏得 1 塊錢，得 1；

○ A 出紅 B 出黑，顏色不同，A 贏 1 塊錢，得 1，B 輸掉一塊錢，得 -1；

○ A 出黑 B 出紅，顏色不同，A 得 1，B 得 -1；

○ A 出黑 B 也出黑，顏色相同，A 得 -1，B 得 1。

我們發現，在這場賽局中，每一對局之下賽局的結果不外乎 A 輸一塊錢 B 贏一塊錢，或者 A 贏一塊錢 B 輸一塊錢，每一對局之下，兩人支付的和總是零，我們把這樣的賽局稱為「零和賽局」。

在零和賽局中，當發生輸贏時，幾次賽局下來如果雙方輸贏情況相等，則財富在雙方間不發生轉移。

下面讓我們用電影《美麗境界》中的一個情節來解讀零和賽局：

烈日炎炎的一個下午，約翰·奈許教授替二十幾個學生上課，教室窗外的樓下有幾個工人正施工，機器的響聲成了刺耳的噪音，於是奈許走到窗前狠狠地把窗戶關上。馬上有同學提出意見：「教授，請別關窗戶，實在太熱了！」而奈許教授一臉嚴肅地回答說：「課堂的安靜比你舒不舒服重要得多！」然後轉過身一邊嘴裡叨叨著「幫你們上課，在我看來不但耽誤了你們的時間，也耽誤了我的寶貴時間……」一邊在黑板上寫著數學公式。

我們可以發現，這場賽局中的收益情況是這樣的：如果關窗戶，保持教室安靜，教授得 1，而同學們就得忍受室內的高溫，得 -1；如果開窗戶，同學們因教室裡涼快而感到了舒服，得 1，而教授會因為噪音無法正常講課，得 -1。無論開窗還是不開窗，教授與學生所得的總和為 0。賽局進行到

這裡，我們基本能夠確定這是一個典型的零和賽局。從這個
賽局模型中我們可以發現，在零和賽局中，由於任何一方的
所得都是其他參與人的所失，所以零和賽局是利益對抗程度
非常高的賽局。

然而在現實生活中，你要想得到好處，不一定非得損害
他人的利益，也就是說，利己並不一定非得損人。尤其是在
商業中，我們知道只有合作才可以得到雙贏的結果，不但你
得到好處，你的對手也得到好處。比如雙方透過友好協商達
成一個交易，買方賺錢，賣方也賺錢，財富就創造出來了。
這種情況就是與零和賽局相對應的非零和賽局。

所謂非零和賽局，是既有對抗又有合作的賽局，各參與
者的目標不完全對立，對局表現為各種各樣的情況。在非零
和賽局中，一個局中人的所得並不一定意味著其他局中人要
遭受同樣數量的損失。也就是說，賽局參與者之間不存在
「你之得即我之失」這樣一種簡單的關係。其中隱含的一個
意思是，參與者之間可能存在某種共同的利益，「雙贏」或
者「多贏」是賽局論中非常重要的理念。

為了說明這個問題，我們接著來看電影《美麗境界》中
這一情節的發展：

正當教授一邊自語一邊在黑板上寫公式之際，一位叫艾
莉西亞（Alicia）的漂亮女同學（這位女同學後來成了奈許的

妻子）走到窗邊打開了窗戶。電影中，奈許用責備的眼神看著艾莉西亞：「小姐……」而艾莉西亞對窗外的工人說道：「打擾一下，嗨！我們有點小小的問題，關上窗戶，這裡會很熱；開著，卻又太吵。我想能不能請你們先修別的地方，大約45分鐘就好了。」正在工作的工人愉快地說：「沒問題！」又回頭對自己的夥伴們說：「夥計們，讓我們先休息一下吧！」艾莉西亞回過頭來快活地看著奈許教授，奈許教授也微笑地看著艾莉西亞，既像是講課，又像是在評論她的做法似的對同學們說：「你們會發現在多變性的微積分中，一個難題往往會有多種解答。」

而艾莉西亞對「開窗難題」的解答，使得原本的零和賽局變成了另外一種結果：同學們既不必忍受室內的高溫，教授也可以在安靜的環境中講課，結果不再是0，而成了+2。由此我們可以看到，很多看似無法調和的矛盾，其實並不一定是你死我活的僵局，那些看似零和或者是負和的問題，也會因為參與者的巧妙設計而轉為正和賽局。正如上文中奈許教授所說：「多變性的微積分中，一個難題往往會有多種解答。」這一點無論是在生活中還是工作中都給了我們有益的啟示。

在自己獲取利益的同時，能夠不損害別人的利益，創造皆大歡喜的局面，這是賽局的最佳結果。「經濟人」的謀利

行為被認為是市場經濟的動力之一，但為了能讓社會經濟更健康、更有序地發展下去，「經濟人」在謀利的同時，不應該損害他人利益和社會利益。也就是說，能夠創造雙贏局面的正和賽局，才最值得提倡。

5. 世間沒有絕對的真理

　　學過哲學的人都知道，任何真理都是相對的，都是在一定條件下符合客觀條件才成為真理。賽局論也只是一種理論上分析推理出的可能性，它本身具有一定的缺陷，只有在一切前提條件都得到保障的環境中成立，而在現實生活中的應用則完全是另外一回事。

　　在現實狀態中，會存在許多未可知的干擾因素，這就導致理論在現實中的實施往往會產生誤差，有些甚至不可能發生效用，所以，人們應該正確地了解賽局論的功效，理性地看待賽局論，不能把它當成解決問題的萬能鑰匙。

　　賽局是在既定的資訊結構下的分析方法，在現實應用中會受到許多外在因素的干擾和影響，最常見的就是人的非理性和資訊的不對稱性。

　　人的認知水準和理性很重要，理性也會影響賽局的水準，賽局理論只是存在的一種可能性，它的實施主體是人，而人的能力和理性是有限度的，對於各種決策可能產生的不同結果，往往不能做出正確的預測和分析。

‧‧‧‧‧‧‧‧‧‧‧‧‧‧‧‧‧‧‧‧‧‧‧‧‧‧‧‧‧‧‧‧‧‧

二戰期間，德軍對蘇聯發動閃電戰，結果重兵把守的戰爭前線瞬間土崩瓦解，德軍得以長驅直入，攻占大片蘇聯領土，順利進軍莫斯科。防禦失敗後，蘇聯的部署策略受到了很大的質疑。

可是，原先部署兵力的時候，大家卻都表示支持。十月革命以後，蘇聯的經濟實力、軍事實力都大增，二戰時，蘇聯實際上成了歐洲最強的大國，在世界上也僅次於美國。蘇聯仗著雄厚的軍事力量和經濟實力，企圖設重兵將德軍阻擋在門外，防止戰火蔓延到本國國土，這個策略按道理來說是比較理想的。

當時蘇聯有三種部兵方式，第一種是把大部分力量安放在東面，防止德軍西進；第二種是重兵防守策略，即把大部分軍隊調到西部，用來保衛莫斯科；第三種是分兵均守策略，將所有兵力平均分配到前線、中間的緩衝帶、西部的防禦帶。

蘇聯軍隊認為，第二種策略過於保守，德軍可以輕易進入蘇聯境內，對國內的工業基地造成重創，而且防線一旦崩潰就會有很大危險。第三種策略削弱了防守的能力，德軍一定會集中兵力逐一突破，這也不太保險。至於第一種情況，則可以很好地震懾德軍，敵人固然會加強攻擊，但是，蘇聯重兵把守的前線應該不會輕易失守，而且可以將戰火控制在人口稀少的東部。

後來的戰事表明了第一種策略犯了很大的錯誤，蘇聯人妄圖在東部與對手一決雌雄，但他們顯然低估了德軍的戰鬥力和決心，以致潰敗，蘇聯東部的防守被打破後，後防嚴重空虛，根本無力還擊，德軍勢如破竹，很快就侵占了蘇聯大部分的國土，而且幾乎造成亡國的危險。

在與德軍的賽局過程中，蘇聯人以其強大的自信，想當然地以為敵人很難突破東部防線，希望在東部戰線上結束戰鬥，但最終吃了敗仗。今天再來分析蘇聯的這種積極的防守策略，當然會認為第三種策略更成功，可是當時的蘇聯軍隊因為主觀上的認知錯誤，而沒有採取這種作戰方針，因為他們對德軍的預判、分析以及對於失敗後造成的結果都沒有一個正確的、清醒的認知。

資訊的不對稱性也會影響人們的賽局。所謂資訊不對稱指的就是人們對於資訊掌握程度不一樣，掌握更多資訊的人往往處於賽局的優勢地位。比如人們去商店裡買東西，一般來說，店主所掌握的商品資訊肯定會比顧客要多得多，包括產品的品質、性能等都有一定的了解，這時候，顧客在購買商品時，就處於不利的位置，很容易受到店主的蠱惑和誤導，賽局時自然就會吃虧，不會得到最理想的結果。

相反，如果顧客對商品十分熟識，掌握了足夠多的資訊，對商品的性能、價格都有了一定的了解，那麼在賽局時

就處於比較有利的位置，在面對店主時，可以表現得更加從容，當然就能夠做出更好的決策。

一般來說，人掌握的資訊量很有限，一個人不可能掌握所有的資訊，那麼在不同的賽局對象和不同的賽局環境中，當然就不可能置身於均衡的條件中進行賽局。同時，人們掌握資訊需要一定的代價和成本，這也影響了決策者對於利益最大化的追求。

資訊的不對稱和缺失往往會影響決策者的判斷和分析，當決策者的資訊比較貧乏或者相對短缺時，就無法正確地做出決策，當然也就不能成功追求利益最大化。

非理性以及資訊不對稱嚴重影響了人的判斷，這時候賽局理論就很難派上用場，如果盲目地崇拜和應用賽局論，過度地迷信賽局論，反而會讓自己遭受損失，任何人都應該清楚地了解賽局論的局限，不要把它當成能打開一切門鎖的萬能鑰匙。

賽局論的應用很廣泛，它是很好的生存和交際工具之一，是分析和研究社會現象的重要理論知識，也是研究經濟學、社會學的輔助工具。人們在對待賽局論的態度上要更加理性，既不能太過依賴，也不可排斥應用。總而言之，賽局論不是萬能的，但不懂賽局論則是萬萬不能的。

6. 權衡利弊，做出最佳選擇

　　春秋時期，貧士玉戩（一ㄢˇ）生與三烏從臣二人相交甚好，由於沒有錢，他們就以品性互勉。玉戩生對三烏從臣說：「我們這些人應該潔身自好，以後在朝廷做官，絕不能因趨炎附勢而玷汙了純潔的品性。」三烏從臣說：「你說得太有道理了，巴結權貴絕不是我們這些正人君子所為。既然我們有共同的志向，何不現在立誓明志呢？」於是二人鄭重地發誓：「我們二人一致決心不貪圖利益，不被權貴所誘惑，不攀附奸邪的小人，不改變我們的德行。如果違背誓言，就請明察秋毫的神靈來懲罰背誓者。」

　　後來，他們二人一同到晉國做官。玉戩生又重申以前發過的誓言，三烏從臣說：「過去用心發過的誓言還響在耳邊，怎能輕易忘呢！」當時趙盾在執掌晉國朝政，人們爭相拜訪趙盾，以期得到他的推薦，從而得到國君的賞識。趙盾的府邸前車子都排出了很遠。這時三烏從臣已經後悔，他很想結識趙盾，想去趙盾家又怕玉戩生知道，幾經猶豫後，決定起早去拜訪。為避人耳目，當雞剛叫頭遍，他就整理衣冠，匆匆忙忙去拜訪趙盾了。進了趙府的門，卻看見已經有個人端

端正正地坐在正屋前東邊的長廊裡等候了，他走上前去舉燈一照，原來那個人是玉戴生。

這則頗具意味的故事出自明代學者宋濂的《宋文憲公全集》。宋濂在作品中評論道：「二人貧賤時，他們的盟誓是真誠良好的，等到當了官走上仕途，便立即改變了當初的志向，為什麼呢？是利害關係在心中鬥爭，地位權勢使他們在外部感到恐懼的緣故。」或許我們要問，地位和權勢是怎樣使他們感到恐懼的？或許賽局論中的「囚徒困境」理論可以給出合乎情理的解答。

1950 年的一天，美國史丹佛大學客座教授、普林斯頓大學數學系主任阿爾伯特・塔克（Albert William Tucker）為一些心理學家進行演說，為了避免使用繁雜的數學手段而能更加形象地說明賽局的過程，他提出了囚徒困境的理論模型。

塔克以下面這則小故事作為開始：

鮑勃和埃爾兩個竊賊在偷盜地點附近被警察抓獲，分別關押。每個竊賊必須選擇是否供認並指證同夥。如果二人都不供認，將被指控非法攜帶武器，入獄 1 年。如果二人都供認並指證同夥，將入獄 10 年。如果一人供認，一人不供認，則鑑於供認者與警方合作的表現，無罪釋放，其同夥將遭到嚴懲，入獄 20 年。

我們用收益矩陣分析囚徒困境的情況（如下表）：

	埃爾供認	埃爾不供認
鮑勃供認	10 年，10 年	0 年，20 年
鮑勃不供認	20 年，0 年	1 年，1 年

收益矩陣可以這樣解釋：囚犯的策略是供認或不供認，每個囚犯選擇其中一種策略。橫列代表鮑勃的策略，直欄代表埃爾的策略。矩陣中的每組數字是兩個囚犯選擇不同策略得到的相應結果，逗號左邊的數字為鮑勃的收益，右邊數字為埃爾的收益。以左上為例，若兩囚犯都認罪，都被判入獄 10 年；若埃爾認罪，鮑勃不認罪，則鮑勃入獄 20 年，埃爾獲釋。

那麼，到底應該如何解決這一賽局問題呢？如果二人都想入獄時間最短，什麼樣的策略才是理性的呢？埃爾可能做如下思考：「有兩種可能性會發生：鮑勃認罪或保持沉默。假定鮑勃認罪，則我不認罪將入獄20年，認罪將入獄10年，所以該情況下最佳的選擇是認罪。相反，假定鮑勃不認罪，則我不認罪將入獄 1 年，認罪將獲得自由，認罪還是最佳選擇。總之，我應該認罪。」

同樣，鮑勃也將按照相同的思維確定自己的行為選擇，其結果是兩人都認罪，都被判入獄 10 年。然而，如果二人非理性行事，保持沉默，每人只會入獄 1 年。

由此可見，對於鮑伯來說，無論埃爾採取什麼策略，他坦白總是對自己有利的，兩相比較，坦白是他的優勢策略；對於埃爾同樣如此。因此，在這場賽局中，坦白是雙方的優勢策略，那麼，抵賴就是劣勢策略。

　　實際上，囚徒困境正是個人理性衝突與集體理性衝突的經典情形。正因為在囚徒困境中，每個人都根據自己的利益做出決策，但最後的結果卻是誰也撈不到好處。這種情形在生活中也會遇到，比如排隊購物時，如果大家都在排隊而只有一個人擠上前去插隊，他將得到好處；可是如果大家都蜂擁而上，將會出現混亂無序的局面，此時你只能跟著大家一起擠才有可能盡快買到你想要的東西，否則你將成為最後一個，也是最吃虧的一個。

　　學習了囚徒困境理論，我們再回過頭來看一下本文開頭的小故事，相信會有豁然開朗的感覺。首先，趙盾的權勢對玉戴生與三烏從臣而言是不可忽視的外在資源，趙盾是否賞識，將決定他們的仕途是否順利。這種情形之下，巴結趙盾與不巴結趙盾的選擇，就與二人的現實利益息息相關。對於二人而言，無論對方是否選擇巴結，自己只有選擇巴結才有可能升官。

　　我們不能說趨炎附勢是性格軟弱而導致的慣性舉止，實際上它是為了維護自身利益而進行的一種賽局選擇。如果他們信守誓言，就肯定與升遷無緣；而背叛誓言，則有可能得到現實利益。因此，在沒有良性競爭的機制下，背叛無疑是利益最大化的選擇。因為如果自己堅守，而又沒有一種機制能保證對方也同樣堅守，那麼堅守者就有可能成為被犧牲

者。學習囚徒困境的理論模型，並非鼓勵人們背叛，而是讓我們知道，在做決策時，如果沒有十全十美的辦法，我們不妨權衡一下利弊，從而做到「兩害相權取其輕」。

7. 學會賽局心理，人生遊刃有餘

人的一生總是處在不停地賽局之中，比如：和朋友約會去咖啡館還是去公園？陰天外出的時候，是帶上雨傘還是不帶雨傘？上班是騎車還是坐車？和同學是去聽音樂會還是去看電影……可以說生活中的一切，大到國家大事，小到早餐吃什麼，都可以用賽局定結果。

1994 年，美國政府向商家拍賣大部分無線電頻率。拍賣活動由很多賽局論心理專家精心設計，目的是最大化政府收益和各商家利用率。事實證明，這個賽局設計取得了極大的成功。美國政府在這個拍賣活動中獲得超過 100 億美元的收入，各頻率也都找到了滿意的歸宿。

與此相對應的是，紐西蘭政府卻在一個類似的拍賣會中慘遭失敗。因為他們沒有透過賽局理論來設計拍賣規則。最後的結果慘不忍睹，政府只獲得預計收入的 15%，而被拍賣的頻率也沒能完全物盡其用。在拍賣會現場因為無人競爭，有一個大學生只花 1 美元就買到了一個電視臺許可證，這樣的結果讓人大出意外。

為了實現利益的最大化，就一定要學習賽局理論的精

髓，做好利益的分割，達到最好的結果。這就是我們必須了解、學習的最根本原因。理解賽局，運用賽局，會使我們在生活當中更加遊刃有餘。

古語說：世事如棋。你的每一個行為都會化作棋子在棋盤中和別人激戰。此時精明慎重的棋手們大多數會揣摩、思考、謀算……精采的「棋路」會引領精采的人生。把這種「棋局賽局」運用到社會生活中，每個人都是一個棋手，為了自己的利益去揣摩需要打交道的人的心思，只有這樣，人們才能夠在紛繁複雜的社會中滿足需求，同時在衝突和合作之間選擇最為有利於自己的方式，在利益賽局中搶占先機。

中國古代有很多這方面的著述與實踐，春秋爭霸，戰國爭雄，我們看到更多的是謀士之間的角逐；而一部《三國演義》，在今天看來就是一部絕好的賽局論教材。其他無論是兵書如《孫子兵法》、《三十六計》，還是現代流行的「商戰策略」、「公共關係」等，都是關於如何贏得與人交往的勝利的，或者說如何獲取成功的。

其實任何賽局都是如此，不論是小孩子玩剪刀、石頭、布，還是江湖豪客的性命相搏；不論是沒有硝煙的經濟戰爭，還是縱橫捭闔的軍事戰爭；不論是運動場上的競技，還是億萬年來在生物圈內演義的生存競爭，大到一國，小到一人，重到一決生死，輕到為博一笑，各種賽局都遵循共同的

思路。因此，了解賽局的內容，已經成為當今人們的必然選擇。

英國政治家帕麥斯頓（Henry John Temple）曾說過：「沒有永恆的敵人，沒有永恆的朋友，只有永恆的利益。」這句話雖有失偏頗，但也有一定的道理，尤其是應用在賽局理論中。人性存在著自私的一面，我們之所以研究賽局論，就是為了能夠充分掌握賽局帶給我們的利與害，從而獲得最大化的利益，使我們在日常交往中，能夠成為人群中受歡迎的人；在愛情面前，懂得尊重和爭取，贏取一份值得相守終生的感情等等。

著名經濟學家保羅・薩繆森（Paul Anthony Samuelson）說：「要想在現代社會做一個有文化的人，你必須對賽局論有一個大致了解。」賽局的學問從日常的生活中提煉出來，也是為了更好地適應生活。盡量多掌握賽局的一些方法，它會讓我們在競爭激烈的社會生活中，思路更加開闊，最大限度地提高工作效率，那麼我們成功的機會就會更高。

第二章

掌握交際的主動權，掌控賽局的優勢策略

人際交往中，你會發現眾多的不和諧，有些人果斷潑辣，與優柔寡斷的人可能就合不來；有些人性情沉穩，做事踏實認真，對那些咋咋呼呼、毛手毛腳的人就很看不慣……這樣的事情不勝枚舉。談判桌上，因為遇到一個慢性子對手而失去耐心、錯失一筆生意的人也為數不少……一個人能否和不同性格的人相處融洽，對他的生活、工作和事業都會有重大影響。因此，我們必須要學會調整賽局策略，掌握交際的主動權。

1. 重視「第一印象效應」

中國有句俗語叫「有粉擦在臉上」，意思是說，只有把粉擦在臉上才能增添你的美麗。臉面是給人看的，如果把粉擦在別的地方，讓人很難看到，擦粉也就失去了意義。這就如跟我們常常會透過封面來判斷一本書的品質。雖然評價書的內容要花一點時間，但封面的包裝卻只要幾秒鐘便能夠了解。因此，一本書封面製作得是否新穎、獨特，對於這本書的銷量會產生很大的影響。這也說明了，資訊只有透過有效的途徑傳遞出去，並切實傳遞給你心中的資訊接收對象，你的目的才能達到。

我們都知道新加坡有「花園城市」之美譽，新加坡最吸引人的地方就是其良好的綠化環境，這已成為其重要的旅遊吸引力之一。但這不是自然的巧合，而是精心規劃的結果。當新加坡還很貧困時，前總理李光耀是靠修剪整齊的灌木叢吸引到外資的。李光耀要求，從機場到各大飯店的道路一定要好好維護、整修，而他這麼做則是為了讓外國的商人覺得新加坡人「能幹、守規矩又可靠」。

經過精心修剪的灌木叢當然無助於增加已有跨國公司在

當地的投資，可是對於那些潛在的外國投資者來說，他們來到新加坡最先看到的便是從機場到飯店的灌木叢，而且與了解新加坡當時的貧窮或者落後相比，這種整齊的灌木叢更容易看出來。這些精明的投資者當然明白，新加坡當局知道他們會觀察從機場到飯店這條路的路況，因此，如果新加坡人連花工夫去整理這條路都做不到，那就表示這個國家將來也不會費心制定什麼優惠政策給外資。這些灌木叢就是新加坡要傳遞給外人看的直接資訊，也就是第一印象，可見第一印象對於人們做出判斷是多麼重要的依據。

人與人第一次交往中給人留下的印象，在對方的頭腦中形成並占據著主導地位，這種效應即心理學中的「第一印象效應」。在人際交往中，你永遠沒有第二次機會樹立第一印象，如果你在第一次交往中給人留下了一個好印象，別人就會樂於跟你進行第二次交往。相反，如果你在第一次交際中表現不佳或很差，往往很難挽回，除非你付出相當大的努力。所以，務必注意你跟人打交道時的第一印象。

無論你是個什麼樣的人，在何種場合，只要有他人存在，你的一言一行、一舉一動都在展示著自己的形象。好的形象能夠為我們贏得更多的朋友，能夠幫助我們取得更多、更好的發展機會，而一個形象邋遢、自大失禮的人遠比一個無能的人更加糟糕。

　　要創造良好的第一印象，首先要注意服裝及儀表。一個蓬頭垢面、衣衫不整的人站在你的面前，一定會讓你討厭。同時，千萬別忘了展示出謙卑的姿態和誠懇的微笑，這比你身上穿著的任何名牌服裝都值錢得多。你的種種態度和表現，會成為一條條資訊傳遞給周圍的人，接收者便會在腦海裡形成最初的印象，你的紳士風度無疑會增加很多印象分。

　　在實施資訊傳遞的過程中，有一個問題需要重視，那就是資訊傳遞成本。如果傳遞資訊的成本過高，那麼傳遞資訊就很有可能只是一部分人的「專利」，就像參與知名電視臺黃金時段廣告競標的只有少數企業一樣。這也說明，如果發送資訊的成本對誰都一樣，那麼資訊傳遞也就失去效用了。

　　美國科學家、政治家班傑明・富蘭克林（Benjamin Franklin）說：「一個人的行為舉止、風度儀表是展現一個人外在魅力的主要方式之一。」所以我們有必要表現出良好的個人形象，也都有必要維護自身良好的形象，尤其在與人初次見面時，更要拿出自己的風度。讓別人感受到我們獨一無二的氣質和謙遜禮貌的紳士風度，因為良好的第一印象就是你的一張名片。

2. 做事留有餘地

有 A、B、C 三個槍手，他們彼此痛恨又絕對理性。一天，他們三人準備決鬥。A 槍法最好，十發八中；B 槍法次之，十發六中；C 槍法最差，十發四中。如果三人同時開槍，並且每人只發一槍，第一輪槍戰後，誰活下來的機會大一些？

很多人會不假思索地回答：「當然是槍手 A 了！」但結果可能會讓你大吃一驚，因為真正的答案是槍法最差的 C。

假如這三個人彼此痛恨，非要拚個你死我活，那麼對於槍手 A 來說，他一定要對槍手 B 開槍，這是他的最佳策略。因為槍手 B 對他的威脅最大，所以他的第一槍不可能瞄準 C。同樣，槍手 B 也會把 A 作為第一目標，很明顯，一旦把他幹掉，下一輪（如果還有下一輪的話）和 C 對決，他的勝算較大。相反，如果他先打 C，即使活到了下一輪，與 A 對決也是凶多吉少。C 呢？自然也要對 A 開槍，因為不管怎麼說，槍手 B 到底比 A 差一些。如果一定要和某個人對決下一場的話，他寧願留下來的對手是槍手 B，這樣他獲勝的機會要比與 A 對決大一些。

　　在對於上例「槍手賽局」的分析中，我們可以看出，槍手 A 的最佳策略是射擊槍手 B，而槍手 B 的最佳策略是射擊槍手 A，這樣一來，槍手 C 無論射擊 A 還是 B，都會在無形中與其中一人形成同盟關係。

　　假設槍手 C 射擊的目標是槍手 A，那麼 A 的死亡率便會增加，儘管這樣，A 還是有可能在第一輪較量中存活，那麼 A 便會對 C 打擊報復。同樣，假設槍手 C 的目標是槍手 B，那麼他也可能面對被報復的結果。第二輪較量中，槍手 C 顯然是存活率最低的人。如果他明白其中的道理，他就應該在第一輪賽局中不向任何一方射擊，而是選擇退出決鬥。不管是給哪一方留下活路，對於自己來說，都將是最大的恩賜。如果選擇步步緊逼，把別人逼上絕路，那麼自己也將沒有活路。

　　20 世紀初，在美國西部洛磯山脈的凱巴布國家森林中約有 4,000 頭野鹿，而與之相伴的卻是一群群凶殘的狼，威脅著鹿的生存。為了讓這些鹿能夠安全地繁衍生息，1906 年，美國總統決定開展一場除狼行動，到 1930 年累計槍殺了 6,000 多隻惡狼。狼在凱巴布不見了蹤影，不久鹿成長到 10 萬餘頭。興旺的鹿群啃食一切可食的植物，吃光野草，毀壞林木，並使以植物為食的其他動物銳減，鹿群也慢慢地陷於飢餓和疾病的困境。到 1942 年，凱巴布森林中鹿下降到 8,000 頭，且病弱者居多，興旺一時的鹿家族急劇走向衰敗。

誰也沒有想到會出現這種事與願違的局面。狼被消滅了，鹿沒有了天敵，日子過得很安逸，也不用經常處於逃跑的狀態了。「懶漢」體弱，於是鹿群開始退化。美國政府為挽救滅狼帶來的惡果，不得不又實施了「引狼入室」計畫。1995年，美國從加拿大運來首批野狼放生到洛磯山中，森林中才又煥發勃勃生機。

這個例子告訴我們，事物之間存在著密切的關係，看似不合理的現象中卻有著固有的平衡，一旦這個平衡被人為地打破，可能會帶來無法預知的災難。如果把上述思想應用在特定的賽局中，我們常說的「對待敵人應該像秋風掃落葉那樣殘酷無情」就未必是最好的策略——最好的策略恰恰可能是放敵人一條生路。

在競爭日趨激烈的時代中，越來越多的人認為「人不為己天誅地滅」是一個千古真理，這一「真理」足以成為競爭者相互廝殺傾軋的藉口。但另一方面，長輩們「凡事留有餘地」的諄諄教誨，指導年輕人做事要留有餘地，不要輕易將他人置於絕地。這絕不僅僅是出於人道主義的考慮，從賽局的角度來說，這保留了合作的可能，而從處世哲學的角度來說，給別人留下餘地，就是給自己留下了發展的餘地。

在謀求生存和發展的時候，應適當收斂和示弱，不要一味地求強求大，因為空間和資源始終都是有限的，你得到更

多，別人必定會失去更多，你給予的壓力越大，對方的空間
自然就越小，他們的反彈力一定會越大，這種生存和競爭上
的衝突很容易會被激化。過度擠壓別人必然不利於自己的發
展，因此，人們在尋求發展的同時，一定要注意保障他人的
權益，給別人留下發展的空間。

　　高明的雕刻家在進行面部雕刻時，往往會把眼睛刻得盡
量小一些，而鼻子卻盡量大一些，這樣就為再次的修飾和改
進留下了空間；有經驗的木工在銜接木板時，總是會刻意留
下一道縫隙，這樣木板就不會因為受到擠壓而開裂；聰明的
漁獵者懂得選用網眼較大的漁網捕魚，以保存小魚苗，給魚
留下繁殖的機會。

　　除了利益爭奪上的針鋒相對、互不相讓，競爭的雙方也
存在合作的可能性，也許你的對手具備創造利益的能力和條
件，將來可以為你爭取到特定的利益，一旦雙方開始合作，
你離成功就不遠了。一個有遠見的人不應該抹殺這種合作的
可能性，所以為人處世不應該做得太絕，凡事要給別人留有
餘地，這也是在給自己留些退路。

　　在賽局中放棄自己的攻擊機會，反而會取得更好的結
果。也就是說，對待敵人，不一定總要「像秋風掃落葉一樣
無情」，有時放他一馬，反而會使自己在下一輪賽局中取得
有利的態勢。

　　強勢、霸道也許會使你獲得一時的利益，但會讓你的人生失敗。為人處世的過程中，一分一厘的利益都不放過並非好事。雖然你抓住了看得見的這些蠅頭小利，卻喪失了他人的信任和尊敬。只有處處為別人留有空間，才能得到他人的諒解和寬容的對待。

3. 凡事多為他人著想

　　我們在小說中或電影、電視中經常會看到有這樣一些極端自私的角色：我得不到的，別人也休想得到；你不讓我好過，大家誰都別想好過。比如《天龍八部》中的丐幫副幫主馬大元的夫人康敏，因為喬峰沒有對她的美貌表現出痴迷，就感到十分不爽而處心積慮地害得喬峰身敗名裂；因為無法跟昔日的愛人大理鎮南王段正淳長相廝守，就狠心置段正淳於死地。

　　為什麼有些人會有這種心理呢？因為在分配問題上，如果一方明顯占便宜而另一方明顯吃虧，那麼合作很難達成。也就是說，在交易中，你要充分考慮對方的利益，你自己才可能從中受益，否則雙方的利益都有可能受到損失。比如上文中所說的馬夫人，就是因為喬峰與段正淳犯下了一個同樣的「錯誤」──忽略了她的利益。

　　「最後通牒賽局」更加形象地說明了這一問題。假設 A 拾到 100 塊錢被 B 看到，B 要求「見者有份」，否則他將要求 A 把這 100 塊錢充公，兩人誰也得不到。分給 B 多少由 A 決定，但是 B 可以選擇同意，也可以選擇不同意。如果 B 同

意，就按 A 的方案來分，如果 B 不同意，則這筆錢兩人誰也得不到，將全部上交。比如 A 提的方案是 70：30，即 A 得 70 元，B 得 30 元。如果 B 接受，則 A 得 70 元，B 得 30 元；如果 B 不同意，則兩人將什麼都得不到。

A 提方案時要猜測 B 的反應，A 會這樣想：根據理性人的假定，我只要分出一點點錢給 B，B 就會接受，因為他接受了還有所得，而不接受將一無所獲 —— 當然，此時 A 也將一無所獲。此時理性的 A 的方案可以是：留給 B 一點點，比如 1 塊錢，而將 99 元歸為己有，即方案是：99：1。B 接受了還會有 1 元，而不接受，將什麼也沒有。

英國賽局論專家賓默爾（Ken Binmore）針對這類賽局反覆做了實驗，發現提方案者傾向於提 50：50，而接受者的傾向則是：如果給他的少於 30%，他將拒絕；多於 30%，則不拒絕。這種情況說明了什麼問題呢？即：在現實中，人們的決策往往不僅會考慮經濟上的動機，也會考慮對方行為的目的性動機。

人類既懂得知恩圖報，還懂得以牙還牙，對於那些善待自己的人，我們常常願意犧牲自己的利益去給予報酬；對於那些惡待我們的人，我們同樣願意犧牲自己的利益去報復。在這樣的動機下，不平均的分配方案被拒絕就是理所當然的。

　　有時候，人們很容易自我迷失，不能正確地定位自己，結果影響了自己和別人的交際關係。而事實上，別人眼中的自己，才是真正的自己。所以，我們要學會從別人的角度和立場來看待問題、分析問題，並據此來改進自己，以期達到他人眼中的那個形像要求。不懂得對方心裡的真實想法，就不會知道自己在對方心中的位置和形象，也就不能夠改變自己的缺點和錯誤，那麼雙方的關係也一定不會得到改善。

　　我們在影視作品中經常可以看到，一個犯罪集團的「大哥」往往對兄弟們有情有義，因共同犯罪無論是賣毒品還是搶劫而得來的錢，會很慷慨地分給與自己出生入死的兄弟，排除「義氣」的因素，就是這些當「大哥」的深諳賽局論 —— 用倒推法來看，如果兄弟們拚死拚活得來的好處由「大哥」一個人獨吞，那麼這幫兄弟們將失去賣命的動機，沒有兄弟們為他賣命，這個「大哥」再有本事也是孤家寡人一個，不會有太大的「作為」。

　　由此可見，當「老大」也是不容易的。假如你作為老闆，擁有最先分配權，就看你是否仁厚或是黑心，你有權獨吞所有共同成果，也可以合理分配讓大家滿意，如果你過於貪婪，就要承擔被夥伴背叛的風險：如果你不想冒險，最好是放棄部分利益以求共存。通常情況下，你只有充分考慮他人的利益，自己的利益才能得到最切合實際的保障。

4. 沒有退路為什麼還能取勝

　　西元前 207 年，項羽率領起義軍與秦軍主力部隊展開大戰。項羽不畏強敵，帶兵渡過漳水河。隨後，他命令士兵把渡船全都砸沉，每人帶足三天的口糧，砸碎全部行軍做飯的鍋，還燒掉營帳，以示必勝之決心。戰士們知道自己已經沒有退路，這場仗如果打不贏，那麼誰也活不成，於是個個奮勇爭先，以一當十，最終打敗秦軍。

　　這就是中國戰爭史上著名的「破釜沉舟」的故事。

　　從這個歷史故事中我們可以看到，人有一種天生的求生本能，如果截斷一個人的退路，想要將其置於死地，那麼他就會奮起抗爭、拚命求生，所產生的戰鬥力就會非常強大。在賽局論中，承諾行動的精髓在於截斷退路、不留餘地，這同樣會激起賽局者強大的反抗力量。截斷退路常常表示戰鬥到底的決心，不但對敵人是一個有力的震懾，而且自己也只能前進不能後退。在商戰中，透過截斷自身退路而獲得勝利的例子也多不勝數。

　　美國汽車界的傳奇人物艾柯卡在接手管理瀕臨絕境的克萊斯勒公司後，感到必須減少工人的薪資，才能拯救這家企業。但是美國的工會相當厲害，減薪必須要得到工會的同意。因此，他首先減少了高級職員薪水的10％，把自己的年薪也從36萬美元降到10萬美元。隨後他對工會領導人說：「17美元一個鐘頭的工作有的是，20美元的一件也沒有。現在好比我拿著手槍頂著你們的腦袋，你們還是聰明點。」

　　工會根本不願意答應艾柯卡的條件，結果雙方僵持了一年。公司的狀況越來越差，艾柯卡覺得只有置之死地，方能求得生存，所以在一天晚上的10點鐘，艾柯卡找到了工會談判委員會，對他們說：「明天早上以前，你們非做出決定不可。如果你們不幫我的忙，我也要讓你們不好受，明天上午我就可以宣布公司破產。你們還可以考慮8小時，怎麼辦好，你們自己決定吧！」工會考慮了幾個小時，認為如果艾柯卡宣布公司破產，那麼將有很多工人失業，所以只好答應了艾柯卡的要求。

　　艾柯卡的這一行為也是背水一戰，他在傳記中寫道：「這絕對不是談判的好方法，但是有時候只能這麼辦。」他已經沒有辦法了，所以只好出此下策，結果他的做法卻使工會感到了壓力，最後服從了他的要求，企業也很快度過了難關，在次年就扭虧為盈，轉危為安。

在通常情況下，我們可以從選擇中獲利，選擇的方式越多，對選擇者而言越有利。但實際情況常常是，選擇增多了反而會減弱威脅的可信性，這種情況下，減少選擇的方式或者自斷退路反而會顯出奇效。這種做法在商業中經常得到應用，比如商店貼出經過公證的「假一賠十」的承諾，有了這樣的承諾，相當於斷絕了商店銷售假貨的退路，因為一旦被查出銷售假貨，商店將損失慘重，所以人們相信它不會出售假貨。

再如職場中，假設你的能力的確很突出，每年能給公司帶來很多的收益，但你對公司給你的薪水不滿，因此向老闆要求年薪增加 10 萬元，你應該怎樣做呢？你能採取的最好的策略就是讓老闆相信，不加薪你就走人。但是如果你只是簡單地跟老闆說，要是他不給你加薪，你就跳槽，那他就不可能把你的威脅當真。因此，假如要讓老闆相信你的威脅，最好的辦法就是向他證明有一家公司願意每年多花 10 萬元請你。同時你要在公司裡放出風聲，讓每個人都知道，假如得不到加薪，你肯定會跳槽。這時如果你的加薪請求遭拒，留任原職會讓你顏面盡失，也就是說你把自己逼上了要麼加薪，要麼跳槽的絕境，從而大大增加了你的威脅的可相信性。

　　這種方法等於斷絕後路的策略，堅決地斷絕留任的後路之後，老闆就會發現為你加薪對他比較好，因為他知道要是得不到加薪，你只好走人，而且其他人不會像你工作那樣出色，損失最大的將是公司。當然，如果你的判斷失誤，比如老闆認為你的價值與你現在的薪酬正好相當，那麼他將不會用加薪來挽留你，而你這種做法的結果是自己另謀高就，但也可能是低就，還可能是失業。所以，在實施這樣的策略的時候，你一定要盡量做到知彼知己。

　　人生是否過得有意義，很大程度上取決於一個態度問題。只有具備認真對待每一天的心態，才能真正提高自己的能力。一旦「決戰」來臨，自己才會具備應對挑戰的能力，從而把握住成功的機遇。這也是賽局論中「截斷退路」的行動對於我們人生的啟示。

5. 迴避是拒絕的另一種方式

　　情侶二人在電話中商量情人節在哪裡共進晚餐。女方想去吃牛排，她知道一家高級餐廳環境很好，有情人節的氣氛；而男方卻想去吃道地的臭臭鍋，認為涮火鍋比烤牛排更好吃、更實惠。假如女方在電話中對男方說「我不管，反正我就想去吃牛排！要吃火鍋你自己吃好了，我們各吃各的……」，當然，這種威脅可能不被男方相信，或者男方聽了女方的話後會擺事實、講道理，力圖說服女方與他一起吃火鍋。這時女方應該怎麼辦呢？

　　如果女方確定男方多半會遷就她，那麼最好的辦法就是衝著電話嚷一句：「反正我要去吃牛排，晚上七點準時到！」然後「啪」地掛斷電話，男方再怎麼打電話她都拒絕接聽，或者乾脆把手機也關機，讓男方聯繫不到她，直到快到七點才開機。等她七點到達那家高級餐廳時，可能發現愛她的男友早已等在那裡了。

　　這場賽局中，女方採用掛斷電話，任男方怎麼打也不肯接的策略，在賽局論中被稱為拒絕訊息，也叫做切斷聯繫，它可以強化承諾或威脅的可信性。然而，更多的時候，切斷

聯繫是為了限制不利於自己的訊息。因為賽局局勢中，擁有更多訊息不一定是好事。

比如綁匪劫持人質，打電話給事主交代拿錢贖人的時間地點，並警告不許報警之後，馬上就會把電話掛掉，絕對不和接電話的人多說一句話。即便事主按著綁匪打來的電話再撥回去，也一定無法撥通，只有他為了防止事主報警而決定變更交易時間地點時，才會再與事主聯繫，告之新的時間地點。只要綁匪不與事主聯繫，通常情況下，事主只好提著錢到指定的地點贖人。我們在一些影視作品中經常可以看到這一幕，但是這一招綁匪會用，警察也會用。有時候，綁匪劫持人質要求談判，拒絕與綁匪談判也可能有好處。

1965 年，美國發生了一場監獄暴動，當時典獄長便拒絕聆聽犯人的要求，直到犯人釋放了所挾持的警察為止。典獄長完全拒絕和犯人對話的做法等於是在昭告眾人，他絕對不會讓步。

切斷聯繫的方式在商場談判中也很有用。假設你遇到一位買主不肯接受目前的報價，因為他相信你很快就會提出更好的價錢。為了讓這位買主相信你不會降價，你可以先給一個最後的報價，然後就停止談判，告訴他，除非同意你的條件，否則不用再與你聯繫。

但是一個策略的好與壞是相對的，切斷聯繫對於賽局的一方來說是好的，那麼對於另一方來說，讓其知道這些資訊則是好的。對於賽局的一方而言，最好是拒絕接受不利於自己的資訊；但是對賽局的另一方而言，則必須讓對方接受這些資訊，從而使對方獲悉自己威脅的內容，並使他確認這個威脅的可信性。

就像一個國家擁有強大的武力，但是如果它的武力處於祕密狀態，那麼就不會有國家害怕它，其他的國家也就勇於向它挑釁。即使它後來真的打敗其他國家，也要付出戰爭的代價。而搞些軍事演習以顯示自己軍事力量的強大，便可造成不戰而屈人之兵的作用。

當你遇到的問題很棘手甚至具有挑釁、侮辱的意味時，不妨選擇迴避，靜觀其變。這種不說「不」字的拒絕，所表達出的無可奉告之意，常常會產生極強的心理上的威懾力。需要注意的是，迴避拒絕法雖然效果明顯，但如果運用不當，難免會「傷人」，所以只有在知己知彼的情況下才可使用。

6. 別關注「我想說什麼」，關注「他想聽什麼」

　　人們在交往中都想獲得一種感覺，這種感覺叫「存在感」。如果我們在與他人的溝通中，能夠讓對方獲得存在感，就會使溝通變得更加順暢，即使我們說很少的話，也會被他人歸納為「人緣好」的那類人。而讓對方獲得存在感的關鍵在於，對話過程中別太多地關注於「我想說什麼」，而是去關注「他想聽什麼」。

　　說別人想聽的話，首先要將心比心，把自己放在對方的位置，體驗對方的處境。專心地傾聽對方的談話，可以讓對方覺得被尊重，感覺找到了知音。說話者要善於觀察聽者的非語言動作，從中可以解讀對方心底深處的想法。從對方的話語和表情中理解對方真實的想法。當你讓對方暢所欲言時，自然會明白對方真正想要的是什麼，對方想要聽到你說些什麼。

　　譬如你的一位資歷較淺的同事來找你商量：「我寫了一份企劃書，在呈給經理看之前，能不能請你給我一點意見呢？」

　　你爽快地答應，看完後的感想是，如果再加上一些市場調查數據就更完整了。於是，你對這位同事說：「寫得還不

錯，不過如果能補充一些市場調查數據的話，經理的評價應該會更好。」

「好的，但是我覺得這次的企劃案，並不是那麼需要市場調查數據。」

結果就會像這樣，你好意提出建議，同事的回應卻是「但是⋯⋯」，為什麼呢？因為你的建議不管有多中肯，此刻根本無關緊要，這並不是這位同事「想聽的話」。這位同事真正想聽的是：「不錯，你寫得真的是很好。」

所以，當資歷淺的同事來向你請教時，在思索如何才能讓經理滿意這份企劃書之前，你先要思考的問題是：「這位同事想要聽到我說什麼呢？」因為對於這位資歷淺的同事來說，唯有聽到他「想聽的話」之後，才會有心思聽你的建議。因此，對話應該是下面這樣的：

「真不錯，你寫得真的很好。」

「真的嗎？我想了很久呢！實不相瞞，我對這份企劃書還是很有信心的。」

「這倒是。因為的確看得出你的努力啊！」

「恩，不過，多少還是給我一點建議吧！」

「建議啊？讓我想想⋯⋯如果再加上一點市場調查數據的話，經理的評價應該會更高。當然，我的意思是，如果你還有時間修改一下的話。」

「下午才要方案，應該還來得及！原來如此，少的是市場調查數據啊！因為經理總是很在乎那些數字對吧？真不愧是前輩！」

日常交際的賽局祕訣就是要養成一個習慣：在說話前永遠先思考「對方究竟想要聽我說什麼」。

賽局心理學家總結出一條簡單的交際法則 —— 如果情感上無法接受，目的再正確也沒有用。這句話的意思是說，當找到了對方情感上能夠接受的話題，或者你說出的話會讓對方感到自身的重要性，就如同打開了雙方交流之鎖，而這把由情感組成的鑰匙，往往會讓你們之間的對話變得更有把握。

如果你仔細觀察周圍那些善於打開談話局面的人，我們會發現他們的對話非常有意思：男人們總是從一場球賽、一輛汽車、一部手機等內容開始拉近彼此的距離；女人們總是從時裝、化妝品與孩子教育開始，才成為無話不談的閨蜜。

你不能要求自己在面對所有人時，都可以隨意地引導對方的說話欲望，但每一個人身邊都會有一些公共的情感元素，而願意發現這些情感元素的人，就是我們眼中的「交際高手」。

對於在工作中接觸到的人來說，大家一天中想得最多的恐怕都是怎樣完成工作任務，怎麼賺錢，自然沒有閒情與你

討論類似比爾蓋茲家那個巨大的浴缸裡到底有沒有裝鯨魚這樣的事情。你應該在了解了對方的想法與需求以後，再決定該說些什麼。

在講話的時候，我們應該相信並尊重別人的智慧，對方感興趣的可以多說，不感興趣的則應少說。我們與人交談，必須要記得「投其所好」，了解對方最關心的是什麼，你將如何滿足他的需求，這樣他人才會對你感興趣，才會喜歡與你交往。

某位作家在他未成名時經常遭受出版社的冷眼，他去出版社送稿件，常常被那些編輯不耐煩地推出門外，他們對他的稿子一眼也不看，就說那是垃圾並且請他丟到紙簍裡，不要耽擱他們的功夫。

經過多次打擊之後，作家變得聰明起來，他後來去出版社，不再主動提及自己的稿件，而是專門找那些編輯感興趣的話題作為主題與他們聊天，他會向他們提起他們剛剛編輯出版的某本書，並且談論其中的某些內容。

每當他這樣做的時候，那些編輯們就會放下手中的工作，圍過來七嘴八舌、很有興趣地對那本書發表自己的看法。就這樣，他們成了好朋友，自然再也不會把他推出門去了。

　　日常談話交流的重要目的就是增進感情，搞好關係，讓別人開心。投其所好就是達到這一目的的重要技巧。怎樣才能投其所好呢？就是別人喜歡什麼我們就說什麼，別人喜歡聽什麼我們就說什麼。投其所好主要可以從以下幾個方面入手：說對方得意的事；說對方擅長的事；說祝福語、說鼓舞人心的話；說對方感興趣的事或話題。沒有人會對自己不感興趣的話題投入過多的熱情，而如果遇到自己感興趣的話題，他們常常會情緒激昂地參與進來，這樣有利於進一步的交流。

第三章

知己知彼，打贏心理戰

俗話說「人心難測」、「知人知面不知心」，其實人心並沒有那麼隱祕，因為無論怎樣隱瞞真相，無論怎麼隱藏本心，總會露出馬腳，這就是人。如何洞察人的心理，讓自己不論在什麼場合都能旗開得勝，這就是賽局遇上心理學的奇妙之處。

1. 透過眼睛，探知心靈

人們常說「眼睛是心靈的窗戶」，眼睛與人們的思維和情緒有著非常密切的關係。當一個人的情緒、思維發生變化的時候，他的眼睛也會產生一系列相應的複雜變化，比如視線轉移、瞳孔變化等，這些現象通常也說明人的心理在發生變化。

心理學家指出：眼睛是了解他人的最好的工具。一般來說，眼睛的活動能夠準確、真實地反映出個人的心情。嘴可以說謊，但眼睛不會。一個有經驗的警察透過對人的眼睛的觀察，能夠在如潮的人流中，準確判斷出誰是不法分子，他們認為，那些心懷不軌者總是下意識地四處觀望，關注別人的口袋或者身上的飾品。

哈佛大學甘迺迪政府學院的心理專家茱莉亞‧明森（Julia A. Minson）等人對於人的眼神進行了深入的研究，研究結果顯示，眼神交流能夠加強兩人之間的情感聯結，比如在媽媽和嬰兒之間，眼神交流能夠使他們建立情感的紐帶，或者在一個喧鬧的酒吧裡，兩個人曖昧的眼神交流能刺激大腦的愉悅中心。另外，此項研究還得出一個結論，在人與人的

相處中，由於心情的變化，眼睛的活動也會有不同。

　　一對彼此喜歡但關係並未明朗化的男女，雖然心裡十分喜歡對方，但由於不知道對方的態度，害怕自己被拒絕，或者因為比較害羞，所以往往不敢長時間地看著對方，通常只是進行匆匆一瞥，目光馬上就游移到別的地方，或望天，或瞧地……如果有一方勇於長時間地凝視對方，那麼他通常是戀愛的老手。

　　觀察人的眼神是一件非常有趣的事情，在與人的交往中，我們不僅可以從中了解到對方的情緒，而且能夠看出對方對我們的態度。比如：對方自始至終都未怎樣看過你，那麼他一定是瞧不起你；如果對方的目光游移不定，那麼，即使他笑容滿面、表現得很熱情，他也並未對你有太大興趣，在他看來，與你交往是一件乏味的事情，他希望趕快結束和你的接觸；如果對方一直審視你，那麼你已經引起了他的興趣；如果對方對你雖然和藹可親，然而他的眼睛讓你覺得不露真心、深不可測，那麼他可能對你有些意見。

　　此外，我們還可以透過一個人的眼部活動，來判斷他的言行與內心是否一致。當一個人說話的時候向右上方望是在用左腦回憶，說明說的是實話；向左上方是在用右腦「創造」，說明在說謊。

　　總之，人的眼睛會將個人的內心世界暴露出來。賽局心

理學家非常懂得利用這一點，他們能夠透過一個人的眼睛在一定程度上了解一個人。他們認為，在一般情況下，兩眼對稱，外形穩定，與面部其他器官搭配起來比較和諧的人，做事情往往中規中矩，有明確的目標、合理的計畫，因此他們大都是成功者。

眼睛作為一個生理器官，卻可以反映人的心理狀態。滿懷希望的人，眼睛明亮、眼神有力；悲觀絕望的人，目光呆滯、眼神混濁；樂觀開朗的人，眼睛轉動靈活、目光清晰、眼睛水汪汪的；憂傷難過的人，眼瞼下耷，目光無神；誠實自信的人，眼神堅定……

一個人的情緒固然是看不見摸不著的，然而，眼睛的活動變化卻是我們可以觀察到的。從眼睛了解人的情緒是我們認知他人情緒的一個有效途徑。在與別人交往的過程中，注視別人要掌握正確的方法，就可以透過觀察別人的眼睛，讀懂他的心理狀態。

2. 話不在多，而在精

現實生活中，有些人口若懸河，有些人沉默寡言。在大多數人的觀念裡，喜歡說話總比沉默不語要好，至少看上去 EQ 要高一些，人際關係也更和諧一些。表面上看，這似乎有些道理，但仔細一想，就會發現這其中的問題。

「喜歡說話」和「會說話」並不一樣。事實上，真正「會說話」的人，並不是那些「喜歡說話」的人，他們大多都是該說的時候才說，而且一說就能說到點子上，能發揮關鍵的作用。而到了該沉默的時候，他們一定會沉默。

說話是一種權利，更是一種責任。「夫者存亡，嘴舌有責。」「嘴舌」作為一個人存亡的不可忽視的部分，當然與權與責不可割斷。但人有說話的權利和責任並不說明人就可以肆無忌憚地胡言亂語。

說話要有分寸。每個人都有嘴，但不一定每個人都會說話，並且把話說得很有分寸。在這個世界上，有不同的人和事，也就有不同的禁忌。生活有禁忌，做人有禁忌，說話更應該有禁忌。如果說話沒有禁忌，大家都口無遮攔，毫不考慮後果，那麼社會就沒有秩序可言了。說話的禁忌說到底就

是分寸的禁忌。

俗話說得好：「凡事都要有個度。」說話也一樣，也要根據時間、人物、事件、地點的不同，相應地調整其長短輕重、嚴松快慢，這樣才叫說話有分寸。有了分寸，才能把話說圓滿。而有說話者總要有聽話者，也就是說，一個人「張嘴說話」時最少要面對一個以上「聽話」的人，說話的目的是要向對方傳送某種資訊，如果沒有分寸，你傳送的資訊就會出現偏差。從這個意義上講，掌握好說話的分寸也就是掌握好說話的禁忌。講話不但要注意對象與你關係的親疏、輩分的高低、性別的異同，尤其講話的音調、修辭用字的輕重，都要有分寸。你沒有拿捏好分寸，就很可能給自己找麻煩。尤其是當你求人辦事的時候更要注意，這樣才會順利辦成事。

《墨子》裡有這樣一則故事。子禽問：「多說話有好處嗎？」墨子答道：「蛤蟆、青蛙、蒼蠅整天都在叫，即使口乾舌燥，也沒有人去看牠們一眼。與之相反，我們再來看看公雞，牠每天一到黎明就打鳴，結果，全天下的人都被牠驚動了。你想想，多說話有什麼用呢？只有在適合的時候，說適合的話才是有用的。」

所以說，在適當的時機、適當的地點說出一番適當的話，小則可以改變一個人的命運，大則可以改變整個歷史的進程。在現實生活中，這樣的例子更是舉不勝舉。

中學生小趙整天沒心思上課，還經常號召一些遊手好閒的無賴，到處橫行霸道，專門打架鬧事，甚至連很多老師都不敢得罪他，於是小趙更加肆無忌憚。為此，小趙的父母也憂心忡忡，他們也不知道應該怎樣教育兒子走正道。

新學期，學校來了一位新的訓導主任，這是一位研究心理學的專家，研究方向正好是「學生訓育和生活指導」之類的課程，於是校長便派他去指導那位全校出名的「混混」。訓導主任從小趙的父母那裡了解到：小趙本性不壞，從小就喜歡打抱不平。於是他想到一個好主意。小剛是個平時總跟小趙寸步不離的學生，他決定從小剛身上入手，來解決小趙的問題。

有一天，訓導主任把小趙叫到了他的辦公室，小趙心想新老師肯定還是像以前的一樣，因此他也像以前一樣滿不在乎。然而訓導主任並沒有訓斥他，還為他倒了一杯果汁，然後裝出為難的神情對他說：「唉，真不知怎麼開口，老師現在有點事要麻煩你。」小趙聽到這番話非常驚訝，並且興高采烈地問道：「什麼事啊？」訓導主任說：「我聽說小剛一直不好好讀書，最近還有人說他經常欺負低年級學生，我剛來到這所學校，還不熟悉學生的情況，無法順利開展工作。我聽你父母說你有一副熱心腸，所以想請你幫幫忙，替我勸勸小剛。」

　　這番話完全出乎小趙的意料，他本來是抱著聽訓的心理來的，但沒想到新訓導主任非但沒有訓斥他，反而還非常信任和器重他。回想原來的那些訓導主任，對自己不是冷嘲熱諷，就是冷若冰霜，心裡就有了一些感動，他認為這位新訓導主任很夠「朋友」，自然也就一口答應了老師的請求。

　　從此以後，小趙成了助人為樂的好學生，自己的壞習慣也慢慢地都改正了，不但完成了老師的請求，他自己也獲得了成長。

　　歷史上，面對高高在上的君主，很多名臣都曾面臨過說與不說的抉擇。尤其在涉及道義問題的時候，這種抉擇往往變得非常艱難。因為一言不慎、殺身成仁者，歷朝歷代都有。儘管這些人因此青史留名，但畢竟是悲劇一場。「伴君如伴虎」一句話，道盡了忠臣良將們的尷尬與無奈。在說與不說的問題上，確實集中反映了一個人的智慧與謀略。

　　漢高祖劉邦生前為了防止將來呂氏專權誤國，曾與呂后和大臣們殺白馬盟誓，非劉氏子弟不得封王。高祖死後，呂后果然獨攬大權，想立呂姓子弟為王。於是，她就問王陵是否可以，王陵直言不諱地答道：「當年白馬盟誓，非劉姓不得為王，因此此事不可行。」呂后聽了很不高興，轉而去問陳平，陳平答道：「如今是太后執掌朝綱，凡事您都可以自主。」聽了這話，呂后非常高興。

　　不久之後，呂后貶謫王陵，封了很多呂氏家族的子弟為王。事後，王陵責備陳平：「當年高祖盟誓的時候，你也在盟誓者之列，如今為何違背誓言？你是要靠諂媚而謀取高位嗎？」陳平笑著說：「不是這樣，在眾人面前觸犯太后之威，我確實不如你有膽量，可是將來輔漢安劉，你就不如我了。」

　　果然，呂后死後，諸呂妄圖犯上作亂，正是陳平、周勃等人及時挺身而出，剪除諸呂，擁立漢文帝即位，才保全了劉漢天下。

　　在面對呂后不懷好意的詢問時，陳平與王陵的態度完全不同。王陵仗義執言，傲骨錚錚，這雖然讓呂后無話可說，但也使自己遭到貶謫的命運，無法繼續控制事態的發展。反觀陳平，他以妥協的方式，保全了自己的實力，並且為將來剪除諸呂積極運籌，最終實現了輔漢安劉的諾言。這樣比較起來，王陵之略「方」，陳平之略「圓」。從道義的角度來說，王陵確實更加令人敬佩；而從謀略的角度來說，陳平的做法才是真正聰明的。

　　兵書有云，兵不在多而貴於精，一支以一敵百的菁英小隊，戰鬥力和戰鬥效果絕對要勝於一群人數龐大的烏合之眾。說話，無疑是人與人之間心理賽局的「戰鬥」，你來我往，唇槍舌劍，如果想要克敵制勝，就必須要懂得，話不在多，而在於精。

3. 識破掩飾性笑容

在文人墨客的追捧中，微笑既可以緩解精神緊張，又可以拉近人與人之間的距離，既可以驅散愁悶，又可以帶來愉快心情……可是，心理學家和醫學家們又提出了另外一種意見：任何一種表情，如果超過 5 秒鐘，基本上都是假的。假笑，完全可以透過大腦控製面部肌肉實現。換句話說，你對面那個人在對你笑，或者一個人竊笑，這個「笑」很可能是危險的信號，他需要透過笑來掩蓋內心的真實想法，或者用笑來矇蔽你，導致你無法正確判斷他的真實意圖。

很多人認為羅納迪諾（Ronaldinho）是世界上最優秀的足球運動員，他是世界足球先生，巴西國家隊的靈魂。也有很多人只是透過他燦爛的、毫無拘束的笑容才認識了他。他的笑容，似乎臉部的所有肌肉都在綻放，再加上他參差不齊的潔白牙齒，都決定了他獨一無二的魅力。

德國一位「笑容」研究專家表示：在他看來，羅納迪諾的天賦就蘊藏在他的笑容中，他利用笑容來緩解球場上的壓力。羅納迪諾也因此擁有了更強大的氣場，並成長為世界上出色的足球運動員之一。而另一位專家則認為：羅納迪諾的笑容

也是一種計策和謀略，對手一定不要被他的笑容所迷惑，因為在笑容背後隱藏的不全是友善。他在羅納迪諾參差不齊的牙齒背後看到了如同野獸一般的侵略本能：「在羅納迪諾身上，雖然不存在動物的侵略性，但我們可以從中看出他在球場上所給予對手的威脅和攻擊性。」事實上，羅納迪諾確實曾經這樣評價自己：「我很可恨，但是我也同樣招人喜愛。」看來他並不否認，自己獨特的笑容中隱藏著他笑傲球場的強大自信。

笑有很多種，無拘無束縱情的笑，是狂笑；不愉快而勉強做出的笑，是苦笑；藏在心裡不公開的笑，是暗笑；狡猾陰險的笑，是奸笑；開朗的笑，是微笑；無意義的一味地笑，是傻笑；輕蔑諷刺或無可奈何的笑，是冷笑；故意做出的不真實的笑，是假笑。以上這些笑容很好區分真假，但有些則難探出虛實。

美國社會心理學家丹尼爾·吉爾伯特（Daniel Todd Gilbert）被人們稱為「微笑教授」，這位 50 多歲的研究者建立了一個實驗室，目的是研究人類笑容的本質。丹尼爾教授認為：笑是一門大學問。有些笑容我們一眼便可知是否發自內心，例如：有人「哈哈哈」的開口大笑，此人一定性格開朗，內心愉悅。但在不太自然的情況下的大笑，除了難脫高傲、放縱之嫌外，還暗含著別有企圖。抿著嘴笑的人，有時是故作的矜持，刻意顯示他的優越感。這種人可能容易輕視他人，而且絲毫不加掩飾，不諳人心理的微妙之處，是獨善

其身的人。發出「哧哧」笑聲的人，平常應該是溫順的人。他們是謹慎保守的老好人，會在別人背後幫忙。如果故意這麼笑的話，就有嘲笑人的因素在裡頭。

如果你仔細觀察，還能看到一種「凝固」的笑容。對方在笑，可是笑容突然像凍僵了一樣。這就說明，對方在「恐懼」。這種說法並不是空穴來風，而是有所根據。原始人在狩獵時，遇到動物的第一反應是靜止不動，站在原地想策略。這個反應從原始人一直流傳到現代人身上，使得今天的我們在感到威脅時，仍然會把靜止不動作為防衛措施的第一步。比如說：你在現場觀看馬戲表演，當老虎或獅子等大型動物踏上舞臺時，第一排的觀眾最初的反應絕對不是歡呼，也不是尖叫，而是張大嘴巴表現出短暫的「僵硬」。

當你發現一個人臉上的笑容突然僵硬的時候，說明他的內心產生了恐懼。他為了不被別人看破心思，所以還保持著笑，但是這「笑」已經凍僵了，成為機械的肌肉運動。如果你捕捉到了這個細節，應該乘勝追擊，抓著他最「恐懼」的部分不放，突破他的心理防線。

笑容是複雜的資訊編碼，很多人分辨不出笑容背後的祕密。不過，只要你細心觀察，也能看穿個中虛實，這就需要在與人交往中鍛鍊自己的一雙慧眼。如果你能發現別人的微笑背後所掩飾的內容，也就不會被對方的笑容所矇騙。

4. 表情是心理活動的晴雨表

　　俗話說：「看人先看臉，見臉如見心。」在我們的身體上，沒有哪一個部位能比臉更富有表情達意的作用。臉部表情還具有既真又假，既靜又動，既先天定型又自由可為的兩重性。從某種程度上說，臉就是一張反映個人情緒和氣場的晴雨表。

　　美國心理學教授羅伯特‧羅森塔爾（Robert Rosenthal）和娜莉妮‧安巴迪（Nalini Ambady）進行了一項研究，證實了非語言資訊的力量 —— 表情的力量。這兩位研究者向一組學生展示了 32 段不同的教師在課堂上講課的影片剪輯，然後要求他們對這些教師進行評價。由於片段中的聲音已經被擾亂或刪除，所以學生們只能基於各個教師的表情對他們做出判斷。

　　結果顯示，參與實驗的學生的評價和那些曾聽過這些教師的課的學生的評價基本一致。儘管後者將其評定結果歸因於教師的友好或清晰的思路，但此項研究顯示，大多數學生的評價是基於表情交流形成的。

　　在人際交往中，面部表情真實地反映著人們的思想、情

感及心理活動。而且，多數時候，人們的表情是下意識的，基本上難以抑制或隱瞞，可以用「情非得已」來形容。如果我們深入一點去研究，就會發現：原來一個人說謊時，他的面部表情已經出賣了他。透過對一個人面部表情的觀察和分析，可以了解其內心的欲望、意圖和狀態，藉此即可形成對他的客觀認知。

春秋時期，齊桓公與管仲祕密商討伐莒，不久卻鬧得舉國皆知。齊桓公責問管仲。管仲說：「朝內可能有高人。」齊桓公仔細想了想說：「白天來王宮的役夫中，有位拿著木杵而向上看的，想必就是此人。」於是將這些役夫再次招來，並規定不許替代。過了一會兒，那個拿著木杵的東郭垂被召來了。管仲問他：「說討伐莒國的是你吧？」答道：「是的。」管仲說：「我不曾說要伐莒，你為什麼說我國要伐莒呢？」答道：「君子善於謀議，小人善於揣測。我是私自揣測的。」管仲說：「你又如何猜測到的？」答道：「我曾聽說君子有三種臉色：悠然喜樂，是享受音樂的臉色；憂愁清靜，是有喪事的臉色；生氣憤怒，是將用兵的臉色。那天我遙望主君在臺上，臉上帶著盛怒的表情，這是將要用兵的臉色。君王嘆息而下呻吟，所說的都與莒有關。君王所指的也是莒國的方位。小民猜測，尚未歸順的小諸侯唯有莒國，所以與人說出伐莒的事。」

人有五種基本表情：喜悅、憤怒、悲哀、恐懼、厭惡。五種情感真實地存在於心裡，表現在外在的神情上，那麼人們的真實情感就沒辦法隱瞞了。想想我們自己或他人是不是經常有如下表情反應：

○ 真正吃驚的表情轉瞬即逝，超過一秒鐘便是假裝的；

○ 撒謊者不像慣常理解的那樣會迴避對方的眼神，反而更需要眼神交流來判斷你是否相信他說的話；

○ 敘事時眼球向左下方看，這代表大腦在回憶，所說的是真話；而謊言不需要回憶的過程；

○ 明知故問的時候眉毛微微上揚；

○ 假笑時眼角是沒有皺紋的；

○ 當面部表情兩邊不對稱時，極有可能是裝出來的；

○ 人撒謊時會感到面部不自然，目光飄移，額頭總出汗。

看來，只要心思縝密如髮，一切盡在不言中。透過表情探知一個人的情緒和心理活動，需要我們經過一段時間的學習和驗證，因為有些隱晦的東西必須細心才可發覺，尤其是對方有意隱瞞、躲避的時候，例如說謊者在不到 1 / 15 秒內，臉上會出現非常鮮明、強烈的痛苦表情。這就是微表情，它們是在瞬間發生的非常強烈的隱藏表情，卻能夠準確反映一個人的心理變化。只有讀懂了這些微表情當中隱藏的祕密，我們才能在和他人的心理賽局中，百戰不殆。

5. 從小動作洞察人心

　　人的心理常常被比喻為演戲的舞臺，倘若把追光燈照到的地方當成人的意識焦點，那些焦點的背後光線照射不到的「黑暗地帶」，就是人類的深層心理區域。如果不能探索到這個黑暗的地方去，就無法真正了解人類的心理，要洞察對方的深層心理，就有必要了解語言之外的行為舉止。

　　心理學專家透過研究發現：人類的溝通，更多的是透過他們的姿勢、儀態、位置，以及同他人距離的遠近等方式，而非面對面的單純交談進行的。確切地說，65％以上的人際交流，都是以非語言方式，即透過肢體語言來進行的。人類的肢體語言表達多為下意識的，是思想的真實反映，儘管有時它可能未能引起眾人的特別關注，但是，事實上它的確在無聲中傳遞了比有聲語言更多的資訊。

　　另外，肢體語言還有一個有聲語言無法比擬的優勢，那就是其真實性。「口是心非」的人不少，但是能夠做到「身是心非」的人卻不多。因為當一個人說謊時，他的身體向外界傳達出了完全不同的資訊，他的氣場給你的感覺完全不像他所說的，你透過他的肢體語言就可以察覺到他在說謊。

　　美國一位研究肢體語言的學者為了研究「鼻語」，專程進行了一次長途旅行。他認為，在旅途中可以看到不同地區、不同年齡、不同性別和不同性格的人，而且陌生人之間很少會進行語言交流，因此大多數心理活動都會流露於身體語言。於是，這位學者每次經過車站、碼頭、機場等地，都會細心觀察。經過一段時間的觀察和研究後，他得出兩點結論：第一，旅途是身體語言的實驗室；第二，人的鼻子是無聲語言的器官。根據他的觀察，在有異味和香氣刺激時，人的鼻孔會有明顯的伸縮動作，嚴重時，會出現打噴嚏的現象。在人的情緒發生變化時，鼻子也會做出相應的反應，比如鼻孔擴大或顫動。他認為，這些微小動作都是在發射資訊。

　　此外，據他觀察，通常高鼻梁的人，多少都有某種優越感，表現出「挺著鼻梁」的傲慢態度。關於這一點，一些影視明星表現得最為明顯。與這類「挺著鼻梁」的人打交道，比跟低鼻梁的人打交道要難一些。

　　一個人的真實想法往往不會透過直接的言談表達出來，但是不經意的小動作卻能透露其中端倪。比如：談話中很多人會用一隻手撐著臉頰，這個動作反映出的信號往往是他沒有辦法專心聽你講話，他是用撐住自己臉頰的動作來控制自己，並且希望這個話題能快點結束，又或是他自己想要發

言，因為你的談話已經讓他覺得不耐煩了。

　　喜歡用手不停地撫摸下巴的人比較喜歡思考，常常活在自己的世界裡，一個人陷入沉思狀態是常有的事。很多時候他並沒有在聽你講話。不信的話就在他下次摸下巴的時候直接問他你剛剛講了什麼，他十有八九是回答不上來的。

　　習慣不停揉搓耳朵的人，性格通常不屬於安靜型，他喜歡的是做發言者，而不是做聽眾。揉耳朵傳達的是這個人潛意識當中對你的話很不耐煩，他試圖透過做什麼來控制自己這種情緒的外漏，但這個動作卻恰恰反映了他的真實心理。所以在這個時候，你最好停下來詢問一下對方的意見，否則你說的話很可能他一句也沒聽進去，那你的口舌就算是白費了。

　　除此之外，還有很多人會在講話時摸脖子、頻眨眼、舔嘴唇，這些下意識的小動作反映出發言者對自己所發言論的不自信，不自信的發言往往會讓人從潛意識裡希望藉助小動作來掩飾這種不自信。面對這樣的發言者，一方面對他所說的話的可信度要採取保留態度，另一方面還要給他相對輕鬆的發言環境，使他消除緊張和疑慮。

　　反映真實心理的小動作還有很多：比如：一邊嘴角上揚表示輕視、看不起；無意中伸出中指，表示對問題牴觸或敵視；倒退一步或交叉雙臂是對自己的話沒有信心，是一種防

衛和撤退的姿勢；下意識撫摸自己的手是為了自我安慰、打消疑慮⋯⋯

　　肢體語言傳遞資訊的效果有時要比有聲語言更加強烈，更不能讓人忽視。心理學家告訴我們，肢體語言展現的是人的潛意識，這個人自己也很難控制。因此，人在說話時不經意表現出的小動作，或多或少都會反映出自己的真實心理。在與人交流時，我們要學會觀察對方的身體語言，從而感知對方的真實意圖。

　　也許我們並不能透過這些動作就能將對方的心思摸得一清二楚，但是至少可以透過這些動作發現對方的真實心理，從而根據對方的心理需求，判斷話題的方向和真實性，識別對方的情緒和氣場，從對方的行為、姿態、表情、服飾等方面，看出對方的內心情感和欲望，這是建立良好人際關係的基礎。

6. 尋找幕後的操盤手

並不是每個人都能看清賽局中的對手。且在某些賽局過程中，我們遵守的多半是顯規則，而實際上起作用的卻是潛規則。那些存在於幕後的操盤手，往往在一開始就掌握了賽局局面的走勢。如果你想在這種賽局中獨善其身，最好尋找出幕後的操盤手，認清其面貌，明了這次賽局的實質，否則容易陷入困局，找不到出口。

來看一個部門投票選優秀員工候選人的事例。假設這個部門一共有 4 個正式員工，以及一個實習員工。女同事 A 是綜合人員，在領導看來她是管理內務的，是部門裡的老員工。男同事 B 執行外務，獨立負責一片開發區的業務，也是老員工，他直接領導實習員工 C。B 和 C 的業務其他員工都不太了解，不了解具體怎麼操作。男同事 D 也是獨立負責某個地區的業務，相當於整個部門的「外交部部長」。員工 E 獨立負責新地區的業務，負責的專案比較新，都是前沿任務，他是部門 5 個員工裡，年齡最小卻薪水最高的。當員工 E 聽說主管要他們在本部門投票選擇優秀員工候選人時，他很快發現這是一個很有意思的賽局，在投票之前就推斷出了

最後的結果。他料到最老的一位男同事 B 肯定會當選優秀員工候選人，事實證明他的推斷是正確的，但為什麼 E 如此肯定呢？

他分析了這個部門的人際關係：女同事 A 和男同事 B 關係非常好，兩人都是部門的老員工；男同事 D 工作能力一般，和大家關係也一般，且最近業績不好，他還不認可女同事 A，曾經和她發生過矛盾；實習員工 C 直接受男同事 B 領導，他們的關係是上下級關係；自己和所有同事的關係都差不多。根據票數過半即被推選的規則，他根據這個人際關係判定男同事 B 肯定入選。

整個推斷過程是這樣的：首先，實習員工 C 受到同事 B 的領導，在公在私，他都肯定會選他，得 1 票；女同事 A 和同事 B 的關係很好，她不可能選自己，選擇別人又沒有特別有說服力的理由，所以也會選 B，得 1 票；員工 E 自己不會選擇女同事 A 和男同事 D，因為他對他們的業務比較了解，認為自己的工作比他們更累，根據自己不能選自己的原則，他自己也只會選擇老員工男同事 B，得 1 票。將自己的票數算在內，E 很容易就得到結論，同事 B 會當選，其他人怎麼選都無所謂了。但我們還是可以來分析一下：男同事 D 因平日在工作上不認可 A，因此肯定不會選女同事 A，他也不能選自己，就可能選 E 或者男同事 B；男同事 B 選誰，不好推

斷，最大可能是選 E，因為 E 的工作能力強，業績有目共睹。

最終，男同事 B 當選了優秀員工候選人。

就此員工 E 發現了一個問題，假設主管已經選擇男同事 B 做優秀員工候選人，為了讓其他人心服口服，就決定讓他們來投票，他為了保證 B 一定能當選，便把實習員工 C 拉進來投票，因為無論別人怎麼選，C 投給 B 的這一票是肯定存在的。假若領導真的是公平起見，沒有選擇 B 的打算，那麼他應當讓四個正式員相互投票。這樣一來，沒有了 C 給 B 投的決勝票，最終結果難以預料。E 之所以看出了主管的意思，就是因為主管將屬於 B 管理的實習員工 C 拉了進來。他的這個用意，其實很明顯，是在偏向男同事 B。既然主管早就做了決定，員工 E 就明白這場賽局對於自己而言，價值不大，所以索性依照原先的想法，投票給 B。如此，主管高興了，員工 E 自己也沒有任何損失。

很顯然，在這場賽局中，主管是幕後的操盤手，他控制了參與者的數目和人選，從一開始就是存有私心的，因此這場賽局的結果實際上早在他的掌控之中。一旦員工都像 E 這樣看明白了主管的意圖，賽局的結果就更加沒有懸念了。說白了，這是一場沒有太大意義的賽局。在生活中還有很多存在「潛規則」和幕後操盤手的賽局，只是有些人的雙眼被利益所矇蔽，看不清晰罷了。

博彩和賭博實際上都是具有潛規則的賽局遊戲。其幕後操盤者就是規則制定者。

1998 年，在美國加利福尼亞州，曾有一名華裔婦女 Juanita Colla 買樂透中了頭等獎，贏得了 8,900 萬美元，當時創下了加州樂透歷史上個人得獎金額的最高紀錄。這個消息很快傳開了，當地的很多人都湧向樂透站，樂透的銷售量激增，樂透公司因此賺得金銀滿鉢。但理性的人知道，在這場賽局中，樂透公司先付出了 8,900 萬美元，好像虧了不少，但因為這個消息，公司所收穫的何止是這個數字的十倍？無論誰中獎，最大的受益者都是樂透公司，因為中樂透的機率是極低的，用機率學來計算，樂透公司是絕對利益的獲得者。

福利樂透是社會為了籌集一定的福利資金，設置了高額獎項或獎金的賽局遊戲。每次得獎號碼的出現隨機性很大，利用機率或者廣撒網的方式或許能夠提高中獎的機率，但大多數人，購買樂透的個人是不具備這種能力的。發行樂透，就是利用人們以小搏大的心理，促使人們以少量的金錢來博取大額獎金。比起賭博，樂透更容易為人們所接受，是因為它不像賭博那樣是詐欺和非法的，樂透的輸贏是公開的、透明的。因此，明明知道博彩的中獎率甚至低於到澳門賭博，很多人還是熱衷於購買樂透，希望一夜暴富，成為萬中挑一的幸運兒。發明樂透這種賽局遊戲的創始者是最精明的人，

這種道理就和精通消費者心理的商家在每件商品上都打折，而且推出購物中獎的促銷活動類似，不但能降低成本，還極大程度地滿足了顧客的僥倖心理。正是人人都有的這種僥倖心理，讓博彩業發展得紅紅火火。

以賽局論理性人來分析購買樂透的行為，如何做是最佳策略選擇呢？

人們無非只有兩種選擇：買或不買。從賽局的結果來看，選擇不買樂透是理性的，選擇買樂透是不理性的。假設你今天在回家路過的超市買了東西，口袋裡剩了幾塊錢的零錢，路過樂透站，一時興起，就買了兩注樂透，儘管你心裡無比肯定地知道購買樂透是不理性的選擇，但你還是買了，這是為什麼呢？大多數人會這樣解釋自己的動機：購買樂透花了不到 100 塊錢，如果真能中 500 萬元，就能完全改變我現在的生活狀態，從此過上衣食無憂的日子。不中獎也沒關係，也就是損失了一些零錢，有時候被人偷了錢包，丟了錢還不止這個數目呢。且不中獎，對自己的生活狀態也毫無影響，因此買樂透就算是不理性的行為，也無所謂。

這也就是博彩者的普遍心態，強調贏的效益要遠遠大於輸的效益，當然，如果你只是偶爾買一張 50 元的樂透，利益的損失並不大，但若買上了癮，越來越不能做出理性的選擇，損失的利益會成倍增加。樂透中獎是機率極小的隨機事

件，這種看起來只需要付出少量金錢代價的活動使得人們不自覺地選擇了隨性而為，自己的選擇理性無法發揮，也就正中幕後操盤者的下懷。

綜上所述，如若是願者上鉤，賽局論掌握得再好，也是枉然了。

7. 備周則意怠，常見則不疑

在與人賽局時，你的對手往往也希望得到最好的結果，這時候，他就會做出相應的防備，掌握許多相關資訊，甚至有可能猜測到你的真實想法。

在這種情況下，你就要做出相應的調整，因為賽局中取得勝利的關鍵在於資訊的掌握程度。資訊缺乏或資訊有誤，會直接影響到決策的結果，所以，在進行賽局時，你可以製造一些假象，讓對方接收到錯誤或虛假的資訊，使他在認知和判斷上出現錯誤。這樣一來，對手的策略也就會做出相應的改變，進而出現賽局上的偏差和失誤，而你就可以順利實施真實的行動，收穫最大的利益。

在 1929 年到 1936 年之間，法國耗資 50 億法郎，在南起義大利和法國邊境，北至法國和比利時邊境，修築了一條近700 公里的堅固防線，這就是大名鼎鼎的馬奇諾防線。

之所以要耗費巨資來打造這條防線，是因為一戰給法國造成巨大的損失，也帶來慘痛的教訓，為了減少戰爭帶來的損失，法國才決定全力打造一個固若金湯的防禦體系。

　　二戰時期，當德國在歐洲大陸再次發起侵略戰爭時，法國意識到自己遲早會被捲入戰爭的漩渦之中。為了更好地阻止和防禦德軍的進攻，必須做好事前的防禦準備，這更直接促成了馬奇諾防線的修築。

　　馬奇諾防線修築成功之後，便立即投入備戰狀態。整條防線內部的技術十分先進，炮塔、彈藥房、指揮部、宿舍、醫院、食堂、電影院一應俱全，裡面的武器也是最先進的，作戰力量很強，不愧為全能的防禦—進攻體系。

　　對於如此強大的防禦體系，法軍很有信心，他們認為馬奇諾防線堅不可摧、攻不可破，是完美無缺的防禦力量，認為德軍根本不可能越過馬奇諾防線，以至於舉國上下大有高枕無憂之安逸。

　　無論是國家領導者、軍方，還是平常的法國民眾，都對馬奇諾防線很有信心，而且想當然地認為德軍一定會進攻馬奇諾防線，因為馬奇諾防線將法國西部整個護在防禦圈之內，德軍不會勞師動眾地繞過防線進攻法國。這樣一來，法軍完全有可能在國境線上展開戰鬥，收穫勝利的果實。

　　面對法國強大的防禦力量，德軍也深知絕對不可從正面發動進攻，與法軍硬碰硬只會造成更大的損失。其實德軍原本也沒有打算從馬奇諾防線入手，他們將目光瞄準了比利時的亞爾丁高地，可是又擔心英法聯軍早就會在這個地方部署

第三章
知己知彼，打贏心理戰

重兵，突襲不成還會招來馬奇諾防線上的援兵，實在不宜貿然進攻。德軍為此制定了一系列作戰方略，最後終於敲定瞞天過海之計。

德軍先用一支小分隊正面進攻馬奇諾防線，並且不停地騷擾法軍，給對手造成德軍即將大舉進攻的錯覺，從而牽制法軍的注意力，暗中則調動強大兵力，向防守相對薄弱的比利時亞爾丁高地進軍。

在亞爾丁高地，德軍從一開始就表現出進攻的欲望，卻遲遲不發動攻勢，這又給法軍造成錯覺。法軍認為德軍在進行佯攻，主要目標還是馬奇諾防線，結果沒有在亞爾丁高地做出重點防禦。

沒多久，德軍就利用閃電戰，順利攻占了法國北部，然後趁勢繞到馬奇諾防線的後面，攻擊法軍，同時拿下巴黎，結果法軍潰敗，馬奇諾防線也根本沒有發揮應有的作用，更成了牽制法軍抵抗德軍的障礙，最終成為世人的笑柄。

馬奇諾防線的真實力量毋庸置疑，即便今天做出假設，德軍當年如果正面進攻防線，那麼取勝的機會根本不大。但德軍卻用瞞天過海之計成功攻占亞爾丁高地，完全繞過馬奇諾防線，順利攻占法國。

人們在進行賽局時往往會使用瞞天過海的計謀迷惑對手，隱藏自己真實的意圖，讓對手做出錯誤的決策，從而使

自己獲得最大的利益。瞞天過海之計的關鍵就在於示假隱真的迷惑性，用以麻痺對手，其法往往在常理之中，卻出於意料之外，能夠達到出奇制勝的效果。

在政治鬥爭、戰場、商場、職場中都會應用到這個計策，決策者往往會利用手中所掌握的對手的資訊，進行深入分析，充分了解對手的特點，然後製定計謀，製造假象來迷惑對手，而隱藏自己的真實意圖和想法，等到時機成熟時，再突然發動攻勢，展示自己的真實動作。

因為瞞天過海之計應用比較廣泛，在實施的時候需要注意幾個問題，不能隨心所欲地使用。

（1）「示假」應當自然合理

進行賽局時，迷惑對方的第一步就是示假，而且一定要做到自然，要讓對方覺得你的行為、想法很合乎常理，「示假」的內容能夠迎合對手的心理，不會存在明顯的硬傷和紕漏，這樣就可以很好地麻痺對方。如果示假行為太過明顯，就會被對方輕易看破，甚至利用你的失誤，反過來用計對付你。

（2）充分了解你的對手

知己知彼，才能百戰百勝。了解你的對手，善於抓住對方的心理，才能對症下藥，這樣示假才會成功。如果對手足

夠精明，那麼你的示假行為一定要更逼真，否則不能造成迷惑作用，所以說示假的行動一定要視對手而定。

（3）要有創新精神，不要使用一成不變的招數

與老對手進行賽局時，相互之間都知根知底，很難從對方那裡占到便宜，這時候，你不能走老路，實施老套的欺瞞方法，而應該積極改變賽局方式，對原來的策略進行改進和創新。

賽局是一種心理戰爭，它追求的是在充分考慮、利用對手的心理的前提下取得最佳的結果，而且是在常理之下的分析和決策，將瞞天過海的計謀運用到賽局中，往往會取得理想的效果。

第四章

應用進退策略，扭轉彼此的思維

俗話說：「生死存亡人生路，進退選擇一念間。」該進時則進，該退時則退，一生就能暢通無阻，所向披靡。反之，終身都會枉費心機，一事無成。明智的韜略家總是善於進退，「見可而進，知難而退」，「力能則進，否則退，量力而行」，進退之際，如履薄冰，賽局之間，穩操勝券。學會退讓才能更好地前進。會生活的人，並不一味地爭強好勝，咄咄逼人，寸步不讓，而是在必要的時候寧肯後退一步，做出必要的自我犧牲。

1. 進退有度才不致進退維谷

　　春秋時期，晉國和楚國為了爭奪霸主地位，不斷發動戰爭，夾在兩個大國之間的鄭國，力量弱小，經常會受到兩國的進攻。為求自保，鄭國不得不依附大國，有時候投靠楚國，有時候依據時局發展又轉而投靠晉國。

　　西元前 597 年，鄭國投靠了晉國，這讓楚國極度不滿，於是以此作為藉口，對鄭國發動戰爭，並迅速包圍了鄭國。弱小的鄭國只能向晉國求救，作為盟國的晉國本來就有伐楚之意，於是就準備捲入鄭楚兩國的戰爭中，替鄭國解圍。

　　晉國出動大軍向楚國行進，但是途徑黃河的時候，突然傳來消息，說鄭國迫於壓力已經與楚國訂立盟約。晉軍聽說這個消息後，部隊中很快就產生了分歧。以上將軍士會為首的一批人認為，楚國實力強大，現在並不是進攻楚國的好時機。但是有些將領認為士會有些膽小怕事，既然大軍已經出動，哪有退縮的道理。他們認為晉軍一旦撤退，肯定會受到其他國家的嘲笑，況且晉軍不一定就會戰敗，而士會的話只是在長他人志氣，滅自己威風。

面對那些執意攻楚的人，士會據理力爭，他說：「見可而進，知難而退。」他認為這樣才是治軍的合理方案。不過這些將領並沒有聽從他的意見，反而一意孤行，貿然對楚國發動進攻。當他們意識到錯誤的時候，再下令撤退為時已晚，最終慘敗而歸。

晉軍的其他將領不懂得進退之道，不能忍一時之氣，沒有聽從士會的勸告，結果進攻不成，反而吃了敗仗，給晉國造成重大的損失。

《孫子兵法》中說：「合於利而動，不合於利而止。」意思是說，符合自己的利益就立即行動，不符合自己利益就停止行動。選擇了正確的道路，符合了自己的利益，就堅持下去，這個道理很簡單，大多數人都很容易做到。但是當選錯了路，尤其是為此付出了很多以後，許多人就不願意放棄了，因為他們覺得自己已經付出了這麼多，如果放棄，就只能接受損失，而如果不放棄，也許還可以寄希望於「萬一」，結果損失更加慘重。

真正高明的軍事家能夠「識時務」，懂得以大局為重，不爭一時得失、榮辱，他們深知能夠笑到最後的才是最終的贏家。戰爭中，應該沽時而動，必須對形勢有一個清晰的了解，充分掌握賽局對方的資訊，什麼時候該進攻，什麼時候該退守，一定要掌握好分寸，絕對不可意氣用事，逞一時之

勇，以免造成不可挽回的敗局。只有做到進退有度，才能更好地掌控戰爭局勢。

後退並不是投降，而是一種理性的策略規劃，戰場並非總是一帆風順。局勢不斷變化，優劣之勢也經常轉移，有時候，因為形勢所迫，戰爭局勢可能於己不利，這時更應該懂得忍耐，不要盲目出擊，而應該堅決退守，靜待最佳的戰爭時機。

光滑的牆壁上，一隻螞蟻在艱難地往上爬。爬到一大半，忽然滾落下來，這是牠的第七次失敗。然而過了一會兒，牠又沿著牆角，一步步往上爬了。

有個人一直注視著這隻螞蟻，他禁不住說：「一隻小小的螞蟻，這樣執著頑強，真是百折不撓啊！我現在遭到一點挫折，能氣餒退縮嗎？」他覺得自己應該振奮起來，勇敢地面對他在生活中遇到的那些困難。

第二個人注視著這隻螞蟻，也禁不住說：「可憐的螞蟻，只要稍微改變一下方位，牠就能很容易爬上去；可是，牠就是不肯看一看，想一想……唉，可悲的螞蟻！我正在做的那件事，一再失利，我該學得聰明一點，不能再蠻幹一氣了——我是個人，是個有頭腦的人。」果然，他變得理智了，他果斷地放棄了原先錯誤的決定，走上了新的道路。

第一個人跟那隻螞蟻一樣，雖然不斷失敗，勇敢地堅

持，但是因為牆壁太光滑了，無論怎麼努力，也不可能取得成功。而第二個人則知道自己的堅持是犯了錯誤，所以就立刻改正了原來的錯誤，走上了一條新的道路，最後終於取得了成功。其實成功的道路不止一條，如果發覺自己做的是錯誤的事情，即使已經取得了一定的成就，也可以毅然決然地退出，重新選擇一條正確的道路，走向成功。

雨果說：「盡可能少犯錯，這是人的準則；不犯錯，那是天使的夢想。塵世上的一切都是免不了錯誤的。」每個人都不願意犯錯，但是每個人又不可能避免錯誤。當我們意識到自己可能正走在錯誤的道路上時，我們要做的不是懺悔，而是能夠果斷地退出，能夠及時地改正，使錯誤造成的損失最小化，從錯誤中吸取教訓，選擇正確的道路。

每個人都有面臨選擇的時候，也並不是每次都能選擇正確的方向。當我們發現自己的選擇是錯誤的時候，或者按照目前的方向走下去，成功的希望很渺茫時，我們就應該迷途知返，知難而退。能從錯誤中及時地解脫出來，做出正確的選擇，才是智者的行為。

司馬遷說：「當斷不斷，反受其亂。」當一個人明知道自己走上了不正確的道路，卻不及時反思，不及時做出正確的決定，就會在錯誤的泥淖之中越陷越深、無法自拔，導致最終的慘敗。

2. 不可過度相信判斷力

　　什麼是判斷力？判斷力就是分析判斷的能力。而判斷力也並非都是正確的，在一定的情況下可能會失誤，人的心理、情緒、掌握資訊量的多少都會影響判斷力。人心善變，對於同樣的事物，有的時候討厭，有的時候喜歡，一會兒懷疑，一會兒又相信。最不安定、最不可信的就是人心。而隨著情緒的變化，思考也會出現偏差，從而影響判斷。

　　有些人認為做一道數學題，只要運用好已知條件和隱含條件就可以得出正確答案。判斷也是如此，只要掌握大量的相關資訊就可以做出準確的判斷，尤其如今資訊網路這麼發達，只要全面蒐集客觀資訊，在數據與實例的基礎上進行判斷，就可以避免失誤。但事情遠遠沒有這麼簡單。

　　克萊蒙研究大學的斯圖爾特·奧斯坎普（Stuart Oskamp）博士曾做過一個實驗，證明了我們的判斷力究竟是多麼不可靠。他將名叫「基德」的真實人物的相關資訊告知被實驗者（臨床心理學家 18 人、心理學研究生 18 人、心理學大學生 6 人），讓他們推測基德的性格。當越來越多的資訊告知被實驗者的時候，被實驗者對於自己判斷的結果越來越有信心，

但實際的正確率卻並沒有提高，只有確信程度在不斷攀升，但確信程度和正確率之間沒有確切的關係。

　　這個實驗證明了資訊多但未必都正確，雖然掌握的資訊越來越多，但不一定越能得出正確的結論。因為不論增加多少新資訊，人的思考都還是圍繞自己最初的判斷，不會改變多少，換言之，人們總會有意無意地堅持自己剛開始的認識和判斷。比如大多數人都以第一印象去判斷別人，來決定自己對這個人的喜惡，即便後來慢慢有所了解，但第一印象也不容易改變。既然資訊的多寡無法決定結論的正確與否，我們也無法判斷準確，還不如索性根據最初的判斷行事。做過數學選擇題的人都知道，有時候第一次讀完題的時候，就下意識地已經有了答案，但覺得沒有經過深思熟慮的題可能不對，於是開始深入地思考，並在兩個答案之間徘徊不定，最終還是選擇思考之後的答案。等考試結果下來的時候發現，正確的反而是自己憑直覺選擇的答案。

　　很多時候人類的直覺都是正確的。曾經一位一級方程式賽車手正在賽道上駕車狂奔過急彎時，他突然間做出了一個讓自己吃驚的動作 —— 猛踩煞車。他不明白為什麼自己煞車的衝動遠遠超過了想贏比賽的衝動。等到事後他才明白，有幾輛車塞在了他轉彎後的賽道，這一腳煞車救了自己的命。為什麼會有這樣的行動呢？心理學家幫助他在腦海中重現當

時的心理過程，原來當時他潛意識裡有一個不同尋常的現象：在本應該熱鬧的賽場上，興奮的觀眾們應該熱烈地為他歡呼，但是沒有，觀眾們都在驚愕地注視前方。他的無意識感受到了這個異象，卻並沒有深入地思考這個問題，去判斷前方到底發生了什麼事情，只是迅速地踩了煞車，是這樣敏銳的直覺救了他一命。

有時候，成見也會影響一個人的判斷力。心理學家曾做過一個關於英裔加拿大學生和法裔加拿大學生的實驗。實驗的過程是在不見面的情況下，透過錄音帶的聲音來判斷一個人的性格特點。心理學家告訴實驗者們，一共是 10 個人朗誦同一篇文章，其中 5 人用的是英語，另外 5 人用的是法語。其實學生們並不知道，實際上是 5 個人分別用兩種語言朗讀。結果心理學家發現，同一個人用英語朗誦時，人們說他個子高、有風度、聰明、可靠、親切、有抱負，而用法語時，人們的評價就沒那麼高了。為什麼都是同一個人朗讀，朗讀英語就得到正面的評價，朗讀法語卻不是呢？因為在加拿大，人們對英裔加拿大人和法裔加拿大人的看法和態度是不一樣的，人們對此的成見影響了他們的判斷。

在生活中有很多這樣的例子，比如：有些公司在招募有關數學運算職員的面試中，即便女性求職者和男性求職者有同等的能力和學歷，招募者大多也會選擇男性求職者，因為

他們判斷的基礎就是：男人的運算能力肯定比女性好。在商場有時也會發生這樣的情況，有些業務員常常以客人的衣著來判斷顧客的購買能力，因為他們覺得衣著普通的人可能沒有能力購買自己銷售的貴重商品，所以態度冷淡。

我們有時候會看到這樣的新聞報導，打扮樸素的大叔背著破舊的旅行包去買車，業務員不理睬，再次詢問的時候，態度也不熱情，介紹得並不詳細，當大叔從旅行包裡掏出大量現金時，業務員才後悔。還有穿著樸素的阿姨去銀行存錢，工作人員連問都不問就讓阿姨自己去操作 ATM，當阿姨再次詢問大額現金怎麼辦時，工作人員還是表現得很不耐煩。因為這個工作人員根據穿著和年齡判斷，這個客戶也許並不是什麼大客戶。當阿姨說自己要存一千萬時，工作人員才慌忙地接待。

因此，我們不能過度相信自己的判斷力。人的心理變化、情緒掌控程度、掌握資訊量的多少都會影響判斷力，如果你輕易地下定論，那麼你很可能會成為賽局的失敗者。比如你剛進公司，並不了解同事們的性格，有些人已經告訴你某同事的各種缺點。面對這樣的情況，你可以點頭表示附和，但心裡不要種下成見的種子，更不要輕易就判斷出某同事不能往來，要自己去觀察了解，去交流判斷，也許這個同事還會成為你暗地裡的支持者。

　　不要讓他人的錯誤資訊影響了你的判斷，更不要讓失控的情緒擾亂你冷靜的思維。只有時刻保持著敏銳的洞察力，你才能成為生活中的智者。

3. 人們喜歡與眾不同的東西

　　有句古話叫：物以類聚，人以群分。人類在物競天擇、適者生存的演化進程中形成了一種區別同類與非同類的能力。而在進行「區別」的過程中，那些與眾不同的事物則很容易引起我們的興趣。

　　人們喜歡與眾不同的東西，喜歡追求個性，這是一種求新、求異心理的反映。從心理學上說，每個人都希望在他人心目中形成「自我」，以引起別人的興趣和注意，於是在社會活動中就透過不同的方法和途徑來表現自己的個性特徵，同時產生了一種追求商品的新穎、奇特和趨於流行的心理。

　　為了突顯出自己的與眾不同和形態優勢，於是一些人穿上「奇裝異服」。他們藉助於服裝，藉助於社會公認和許可的審美手段，在社會認可的準則範圍內突出自己。一方面，人們透過追求標新立異的服裝來表現自己的與眾不同，使自己的身分超然於那些不如自己的人，彷彿一件不同於他人的服裝就能讓自己的心理變得強大起來。另一方面，流行又是一種自我保護的方式，試圖用與眾不同來避開和彌補自己的不足。因此，人們喜歡與眾不同的東西，追求有個性的服

裝，這也是對自卑心理的一種克服和超越。

不僅是我們人類，連動物也對與眾不同的事物感興趣。位於佛羅里達的耶基斯靈長類研究中心的一位博士，對四隻 18 ～ 24 個月的黑猩猩進行了研究和考察。在實驗前，他準備了三個托盤，其中兩個托盤是一樣的，只有一個托盤有所不同，然後在托盤中放入不同的物品，分別是火柴盒、緞帶、軟木。當實驗人員將裝上東西的托盤放入籠子裡時，黑猩猩只對與其他兩個不同的那個托盤顯示出興趣，而不關注托盤中的物品。

在第二場實驗中，實驗人員準備了三個同樣的托盤，托盤上只有緞帶，只不過有兩個托盤的緞帶的顏色是一樣的，而另外一個托盤的緞帶顏色不一樣。不同的實驗，結果卻是一樣的，只有裝著那個不同顏色的緞帶的托盤才會被黑猩猩選中。很明顯，黑猩猩也和人類一樣都具有這種區別非同類的能力。

與眾不同的東西讓人一眼就看出其特殊性，所以在面試或者工作的時候，要想引起人們的興趣，使自己在眾多的求職者中脫穎而出，就要使自己成為最顯眼的存在。也許你的對手也想到了這一點，那麼你可以從細節上取勝，比如女士可以有一款特殊的香水、男士可以有一條特別的領帶、一本別人沒看過你卻能侃侃而談的書，甚至，一枚精巧別緻的書籤，都有可能成為你吸引別人的法寶。

　　要想醒目就要有所差別，一旦引起別人的好奇心，你就成功了一半，因為對方會主動對你進行探尋。同樣，銷售一件商品也是如此，一件東西如果僅僅有內在的價值，沒有與眾不同的地方是很難賣出去的。因為並不是每個人都能一眼看出其中的價值，「買櫝還珠」說的就是這個道理。

　　大多數人都有一種從眾心理，喜歡隨波逐流，看到人們都去哪個地方，即使不知道為什麼他們也要跟著去。所以推銷一件東西時，你可以透過讚美它來引起人們對它的渴求，也可以透過包裝它來提升它的價值，或者你可以利用人們都覺得自己是行家的心理，宣稱只把物品賣給內行的人，因為人人都相信自己是行家。即使不是行家的人，那種想成為行家的渴望也會激起他們的購買欲望。每個人都喜歡追求與眾不同的東西，因此，獨特之物更能刺激人的品味和心智。

　　其實，與眾不同就是有特色，既然人們喜歡與眾不同的東西是一種自然的指向性，那麼有特色的事物就容易被人們接受。從藝術上有特色的作品，到生活中有特色的服飾、語言；從商業上有特色的產品，到管理上有特色的服務、教育等等。這些都會讓我們深刻地了解到：只有具備特色才會被認可，才有助於成功。

　　縱觀古今，因自己的與眾不同而獲得成功的例子有很多。中國著名書法家鄭板橋，他的畫不僅聞名於世，其書

法作品也很聞名，被稱為「板橋體」，他的字以隸書與篆、草、行、楷相雜，用作畫的方法寫字，形成了自己的風格，是獨一無二、無可替代的。設想鄭板橋當初如果只是用隸書或行楷，即使和名人寫得一模一樣，恐怕也不會在書法界有如此大的成就。

再如現在競爭激烈的餐飲業，如果沒有與眾不同的地方就隨時有被時代淘汰的可能。如果你現在還是保持著傳統的經營模式，那麼你應該改變一下策略，轉變思維方式，走一條與眾不同的道路，雖然對方可以模仿你的經營模式，卻模仿不了你的思維。

例如現在一些主題餐廳業績很好，究其原因，就是因為每一個主題餐廳都有自己的特色。有些是以愛情為主題的餐廳，吸引了很多情侶來用餐，有在店內裝飾上展現異國風格的餐廳，更有專門為 OL 提供營養減肥套餐的餐廳。這些餐廳之所以能在金融危機的影響下，保持較好的業績，就是因為他們知道如何突出店中的特色，迎合顧客的需求。

由此可見，人們都喜歡與眾不同的東西，那些沒有特色的、大眾化的東西，大多因經不住時間的考驗而慢慢消失。所以，想要成功，就要抓住人們喜歡與眾不同的心理，比你的對手更有特色，因為有獨到之處的東西，才能吸引人的眼光，慢慢被人們欣賞，如傳世的美酒一般，留在人們的記憶中。

4. 冷靜下來再度審視

人與人之間總是存在著利益的競爭和矛盾，如果有了矛盾就盲目衝動地去解決，只會兩敗俱傷。英國首相溫斯頓‧邱吉爾說過：「一個人如果遇到困境時就驚慌失措，沒有了理智的頭腦。若是這樣的話，只會使危險加倍。」因此，進行一場賽局時，我們應該保持清醒的頭腦，冷靜下來理智思考。

遇事不冷靜的人容易生氣，不假思索就氣憤至極、怒髮衝冠，做出一些傻事，由於控制不住情緒而造成一些不該有的後果，這樣的例子層出不窮。

三國時期，劉備、關羽、張飛「桃園三結義」的故事流傳至今，但是他們的結局都以悲劇收場。關羽是蜀國的大將，他「過五關、斬六將」、「千里走單騎」、「單刀赴會」，被劉備封為「五虎上將」之首，他也因此居功自傲。

在孫權攻打荊州的時候，關羽大意用兵，以致痛失荊州。戰敗後，他僅帶著少量的隨從奔向蜀軍控制的上庸，他們日夜兼程，連續數日未休息，十分疲勞，最後竟被吳軍的一個小將馬忠生擒，堅決不降後被殺。

劉備聽說關羽被殺，怒髮衝冠，為了給關羽報仇，不顧諸葛亮的苦苦相勸，調動大軍就去攻打吳國。而當時由於蜀國幾個大將戰死的戰死，守城的守城，根本沒有統率大軍的將軍，劉備只得親自掛帥東征。戰場上沒有可用之才，結果可想而知，劉備大軍被打得七零八落，劉備戰敗後一病不起，最後一命嗚呼。

作為當時三霸之一的蜀國，又有諸葛亮輔佐，劉備失敗的原因就是他意氣用事，在毫不冷靜的情況下為關羽之死攻打吳國。衝動使劉備失去理智的思考，盲目的報仇心讓他犯了兵家大忌，不僅害死了自己，也讓蜀國走到了盡頭。如果當時他能夠冷靜下來重新審視，也許歷史就可以重寫了。

在看新聞的時候，有時候我們看到這樣的報導，某某某因為被另一半拋棄，無法忍受失戀的痛苦而割腕、跳河自殺。也許他們一直憧憬著美好的愛情，分手會讓他們覺得失去了活著的希望，這個世界不再美好，衝動之下就做出了無可挽回的事情。其實冷靜下來再去審視一下，這樣所謂的愛情真的值得你放棄愛你的父母、關心你的朋友甚至生命嗎？愛情沒有了可以再去找，但是衝動下失去了生命，就失去了一切再來的機會。

不僅是生活，商場上也經常出現由於不冷靜而造成兩敗俱傷的事情。電器行業的競爭是非常激烈的，隨著數位地面

傳輸的出現，超薄電視一下子成為電視行業中的「新星」。早前的市場行情是「每寸一萬日圓」，但由於各大公司大打價格戰，行市已暴跌至原先的三分之一，甚至五分之一。而且外國廠商也在低價進攻，面對這樣的形式，如果不降價就會敗下陣來，因此而落入惡性循環的狀態中無法自拔，漲價無法賣出去，降價就「越賣越虧」。

對於這種即使付出代價也要戰勝對手，最後以悲劇性結果收場的現象，心理學家貝澤曼（Max H. Bazerman）和尼爾（Neal Ashkanasy）稱之為「非合理性逐步升級」。其實冷靜下來審視一下，公司想以價格取勝無可厚非，但是沒有必要不惜虧損地來拉攏顧客，這根本就是無謂的競爭，即便戰勝了對方，自己也付出了慘痛的代價。但是，這種強烈戰勝競爭對手的欲望一旦產生，便會對自己的感覺和判斷產生誤導。為滿足渴望打贏對手的欲望而採取的行動，也是對自己的一種傷害，結果很可能就是毀滅性的兩敗俱傷。

為了避免出現這種情況，企業要麼相互合作，結成聯盟，要麼只能等待資金雄厚的一方勝出，失敗的一方自動退出。以超薄電視的例子來說，有不少廠商因為資金的短缺而不得不放棄電視機的生產，無奈退出，企業間的戰爭就是這樣的殘酷。而對於個人間的競爭，則最好選擇一種合作的路線來停止爭鬥。因此，無論是企業還是個人都要注意合理性

逐步升級，尤其是企業之間應該消除惡性競爭，打造有品牌影響力、強競爭力的領頭羊企業，形成積極合作、互相促進、共同發展的企業集團或企業群。企業首先應該改變競爭觀念，要知道，現代企業的競爭，並不是簡單地利用降價和打廣告就可以勝出的，而是企業核心競爭力的較量。沒有強大的實力，再低的價格都不可能真正吸引大批顧客。

進行正常思維的前提是讓自己清醒、冷靜下來，而再度審視並非在任何一種環境下都能夠做到。在正常情況下，一旦受到他人觀點、看法的衝擊，人便很容易被情感沖昏頭腦，為了找回自己期望的狀態，往往會過度堅持自己的意見 —— 哪怕這種意見本身是錯誤的。

這一現象正如在實際解決問題時，若同時出現具有對立性質的事情時，你的正常思維將會完全阻止、個人思維完全混亂與模糊一樣，根本無法持續。唯有先讓自己平息內心的不安與憤怒感，你才能了解對方內心的具體想法。

5. 緩兵之策可避鋒芒

　　老村長已經很長時間沒去城裡了，趁著農閒的工夫，他去了一趟城裡，大包小包的買了很多東西，都是現在城裡流行的新玩意兒，他想著帶回村裡給大家開開眼，鼓勵人們都來城裡玩。

　　坐在回程的巴士上，老村長看著窗外的景色，似乎總也看不夠。走到半路時，巴士開進一個休息站加油，車上的人也順便下來去洗手間，老村長也下車逛逛。不遠處有一個兜售手扒雞的小販，老村長的目光一下子就被吸引住了，便走到了小販跟前。

　　老村長心想，買了一堆東西卻沒買點吃的讓孩子帶回去，正好買兩隻手扒雞，跟孩子也好交代。這樣想著，老村長就開口了，他想先問問價錢。小販一看是個鄉下人，眼珠子轉了轉，沒等老村長決定要買，就已經笑嘻嘻地開始裝袋。

　　老村長一看他直接裝袋了，也不好說什麼，再說自己本來就要買。趁著小販跟同伴說話的工夫，老村長耐不住好奇心，撕開一袋掰了塊雞肉，豈料味道發酸，肉質又硬。老村

長性子直，就說他這雞肉有股特別的味道。小販聽到立刻不高興了，一聲吆喝，上來好幾個面露凶光的青年。

「我在這賣了好幾年了都沒人說不好，你都拆開了又不想要了，你耍無賴啊！趕快付錢！」小販的嗓門一下子高了起來。司機總跑這條路線也不敢得罪他們，周圍的人雖憤憤不平但也不敢插手。

也許很多人都遇到過這種孤立無助的場面。這種情況下往往進退兩難，如果你也遇到了像上面的老村長一樣的遭遇，你是選擇與小販硬拚呢，還是忍氣吞聲？硬拚可能會受傷，不爭取什麼又覺得委屈，這時候就需要一種高超的賽局技巧。

老村長當然也知道自己上了當，但不能硬拚，又不甘心白白給這小販錢。可是有一隻自己已經拆封，不給錢也交代不了。小販不就是要錢嗎？想到這，老村長頓時來了主意。

只見他笑嘻嘻地對小販說：「師傅，你這雞肉味道就是很特別啊，我從來沒吃過這麼特別的雞肉，簡直可以去我們村裡開店了。」小販有些不好意思，覺得自己剛才是有些衝動了，正打算開口緩和一下氣氛。

這時，老村長已經開始假裝掏錢了，可是他翻遍了所有的口袋只翻出 50 元。他有點不好意思地說：「師傅，你看我糊塗了，明明記得有一張 500 元在口袋裡，看來是買的東西太多記錯了。不然你跟我回家拿吧，來回路費都算我的。」

　　小販臉色變了變，老村長趕緊又說：「師傅還要做生意吧，沒那麼多工夫，還是我手上這袋菜種子先押你這，等我拿了錢再來贖。」巴士準備要啟動了，周圍的人也都催促小販抓緊時間決定。小販奪過老村長懷裡的手扒雞和 50 元說：「沒錢還買什麼啊，誰知道你這麻袋裡裝的是什麼。」小販嘟嘟囔囔不甘心地揮手讓老村長走了。

　　老村長也許不懂什麼計謀，但是後來他避過小販咄咄逼人的氣勢，全身而退，可以說是運用了緩兵之策。

　　在生活中也是如此，當自己處於下風或者不利狀況時，要能夠對那些不利於自己的情況進行改進，抓住機會，把一些不利於自己的因素變為有利因素，懂得緩兵之策，才能在賽局中扭轉局勢，轉敗為勝。

　　人在一生中，總會遇上幾件比較棘手的事，也許你會為此擔憂得心緒不寧或者茶飯不思。其實這就是因為自己還沒找到合理的策略。對於賽局者來說，遇見強勁的對手時，不妨避其鋒芒，採用緩兵之策來反敗為勝，突破困境。能夠審時度勢，善用緩兵之計，才是智者所為。

　　在歷史長河中，有不少以緩兵之計獲取成功的故事，也有不少以緩兵之策緩和矛盾的故事，比如城濮之戰。

　　春秋戰國時期，晉國公子重耳受奸人迫害，在外流亡十幾年。經過千辛萬苦，重耳來到楚國。楚王認為重耳日後必

成大業，於是以國家的最高禮儀厚待重耳。

在一次宴會上，楚王試探公子重耳的態度，問他將來怎麼報答自己。當時情勢危急，重耳便許諾楚王，如果將來兩國發生了戰爭，晉國一定退避三舍報答楚王收留之恩。後來公子重耳當了晉國國主，果然與楚國發生了戰爭。

身為晉國國主的重耳對外宣稱，為了報答楚王的恩情，晉國全軍退避三舍。當時全國上下都很意外，這樣做等於延誤戰機，晉王何必執著守信。在撤退百里之後，晉國軍隊才安營紮寨，楚國以為晉國怯弱，驕傲輕敵，長驅直入晉國駐地，結果中了晉國埋伏，大敗而歸。

這就是歷史上著名的以少勝多的戰役。重耳名義上是報楚王之恩，實際是楚國大軍有備而來，但是晉國兵數不如楚國多，而且倉促之下來不及防備，只能避其鋒芒，待晉國的力量強大起來才一舉爭雄。

軍國大事中的矛盾尚且能緩則緩，不讓矛盾惡化，更何況是日常瑣碎事。面對一些無關緊要的紛爭，自己最好能避免就避免，爭得面紅耳赤只能是兩敗俱傷，不如和風細雨地化解爭端。

這種以和為貴的態度在職場中也很重要，在現代職場中，薪水是員工和老闆之間的賽局，在這一賽局過程中，員工想著多拿薪水少做事，而企業老闆則希望員工少拿薪水多

做事。許多員工在上班的過程中，總是在不停地衡量自己的得失，衡量自己拿的薪水應該做多少事；老闆則考慮，多拿了薪水，員工能不能勝任這些工作。

面對雙方的矛盾時，不要爭一時的長短。作為員工，首先把工作做得出色，才有與老闆談判的籌碼；作為老闆，適時地少量多次地給員工加薪，建立明確的賞罰制度，鼓勵員工多干多得，這也是緩兵之計的一種。不爭朝夕，運用計謀使自己的利益最大化，才是賽局的勝者。

第五章

在較量中化敵為友，在賽局中以柔克剛

兩強相爭若面對迎擊，即便占得優勢，也是傷敵一千自毀八百。所以，遇到強勢之人，不與爭鋒是最好的策略，但是不爭鋒並不是逃避，而是說要換個方法和角度來解決問題。要知道，萬事萬物相生相剋，那些剛性的東西往往容易被柔弱的手段制服。賽局並不只是教人如何與他人較量，更重要的是教人如何與他人相處。人在這個世界上所遇到的並不都是朋友，總有幾個是對手，而如果能夠將對手變成朋友則是最好的。

1. 解決矛盾的辦法就是別斤斤計較

安潔拉和珀西是一對熱戀中的情侶，因平時工作繁忙，兩人享受甜蜜約會的時光非常有限。他們都盼著週末來臨，可以放鬆放鬆心情，過一個簡單又有意義的二人世界。

珀西是個足球迷，從不錯過每一場球賽直播，恰逢這個週六晚上有一場歐冠西甲聯賽，搔得他的心癢癢的。而安潔拉出生在藝術世家，從小便對歌劇藝術情有獨鍾，恰好這週六晚上俄羅斯著名歌唱家維塔斯要在當地的大劇院裡做巡迴演出，包含他的經典曲目〈歌劇 2〉。安潔拉心裡思索著，要是能讓珀西陪自己去感受一下現場氛圍，說不定他也會愛上歌劇。

到底是看球賽還是看歌劇？在這對情侶做出最終選擇前，我們不妨借用賽局理論幫他們分析一下該如何選擇合適的賽局策略達成共識。如果藉助定量分析，把他們看足球賽或是歌劇演出分別所能獲得的幸福感具體數字化，則會呈現以下幾種情況：

兩人一起在家看球賽直播，對於珀西來說，他的幸福感是 10。而安潔拉本身對足球一竅不通，為了陪伴珀西才來看足球，此時她的幸福感只有 2。

兩人一起去劇院看歌劇演出，安潔拉熱愛歌劇又有戀人相隨，幸福感自然是 10。而對於珀西來說，他對歌劇並不感興趣，於是這種與安潔拉一起看歌劇的幸福感只有 2。

如果安潔拉自己去欣賞唯美的歌劇，而珀西則在家獨自度過激情的足球之夜，這種處理方式看似能夠合理解決情侶之間因興趣愛好差異而產生的矛盾，其實則不然。安潔拉和珀西正處在如膠似漆的熱戀時期，恨不得能一天到晚黏在一起，這種怡情的相聚機會對他們來說必定十分珍貴，點滴的分秒時間都需要特別珍惜。所以，分開並不是最好的選擇，一旦分開，無論是安潔拉一個人獨自欣賞歌劇，還是珀西單獨在家蹲點守候全場賽事直播，抑或是雙方都放棄這次相約見面，對於作為個體活動的他們，雙方的幸福感都是 0。

從直觀上來看，雙方都沒有明顯占優勢的條件。換句話說就是，安潔拉和珀西都是根據自己的喜好來選擇看歌劇還是球賽，彼此都欠缺占主導優勢的理由讓對方放棄喜好跟從自己的選擇。對於這種間歇性循環上演的中立局面，還應倒退思考，展望未來，運用賽局論分析研究。

我們先來分析珀西，要是安潔拉去看球，自己也去看球，他的幸福感就是 10；如果自己一個人看球，幸福感降為 0；陪安潔拉看歌劇，幸福感可以提升為 2。做一個折中的選擇，陪伴安潔拉看歌劇。

再來討論安潔拉，倘若珀西去看歌劇，自己也去看歌劇，她的幸福感同樣也是 10；如果自己一個人欣賞歌劇，幸福感降為 0；陪珀西看球賽，雖然自己不喜歡足球，好歹有喜歡的人在身邊，幸福感怎麼也有 2，還是陪珀西看球划算。

兩個人都沒有明顯的賽局策略優勢，那麼雙方之間可以透過溝通協調來解決矛盾。比方說：情侶雙方可以制定一個規則，專門針對這種雙方都沒有明顯優勢的賽局現象，如安潔拉和珀西商議以「剪刀、石頭、布」定勝負，誰贏了就聽誰的，或者扔硬幣、抽籤的方式來選出最終是去看球賽還是看歌劇。

如果戀人之間都是比較倔強的人，假設珀西比較大男子主義，而安潔拉又有公主病，非依著自己不可，否則就要哭就要鬧。對於這種現象，用扔硬幣、抽籤的方式根本不可能有用，必須卯足全力堅持到底，告訴對方自己絕對不會妥協。誰堅持己見，信念更足一些，誰就是最後的贏家。

那麼在情侶賽局的兩組策略中，究竟應該誰得到最想要的，誰退而求其次呢？這就看不同家庭的不同情況了。假若珀西私心比較重，非常想看球賽，他為了達成目的就必須想盡辦法說服安潔拉，讓安潔拉欣然接受兩人一起去看球就是最好的選擇。要是安潔拉是個溫柔婉約的小女人，珀西則可以嘗試用糖衣砲彈，甜言蜜語攻擊法，攻破安潔拉柔軟的心

理防線。比如告訴安潔拉，能夠與她在一起看球賽是自己心中的未了心願。安潔拉心一軟，心中泛起片片漣漪，自然心甘情願地陪珀西看球了。

假使珀西能夠讓安潔拉相信看歌劇會讓他痛不欲生，安潔拉為了能夠與他共度週末便會陪他看球賽；相反，安潔拉要是能夠讓珀西相信看球賽會讓自己生不如死，珀西為了享受甜蜜的二人世界，只有陪她去看歌劇。

當然，要對方相信自己，需要用一些威脅和承諾。例如：珀西不太願意陪安潔拉去看歌劇，安潔拉可以採取威脅誘逼的方式，要是珀西不願意陪，她只好找青梅竹馬相伴；要是珀西這次願意陪她去看歌劇，那麼以後不論何種性質的足球賽事，只要珀西想看，她都會相伴左右。

經過以上的分析就不難發現，安潔拉和珀西最佳的賽局策略就是雙方去看球賽或者雙方去看歌劇。無論哪種搭配，都是需要兩人同時參加，因為單獨活動沒有好處，無論做什麼，看什麼，幸福感都是最低的。所以，兩人一起去看球賽或一起去看歌劇才是最佳選擇。

奈許均衡給我們的一個啟示就是現實生活中經常存在這樣一種情況：當你的利益與他人的利益，尤其是與你關係親密的人發生衝突時，你要學會設法對其進行協調。出現矛盾的雙方，總有一方會在迂迴賽局戰鬥中擺出妥協的姿態，如

果現實不允許你最大限度地滿足自己的利益，那麼自己退而求其次，總比讓雙方什麼都得不到要強得多。而且你在這次賽局中所失的，可能會在下次賽局中獲得補償。

心理學界廣泛認可這樣一個公式：我＋我們＝完整的我。公式可以解釋為：絕對的「我」是不存在的，只有融入「我們」的「我」才是「完整的我」。在遇到矛盾時，不要固執地堅持自我，太過計較的結果只會是兩敗俱傷。從整體的利益出發，找到一個讓雙方都認可的均衡點，這樣才能更好地化解矛盾。

2. 從對方的角度思考問題

　　在一年一度的聖誕節到來之前，美國各地的大型購物中心都會舉辦打折促銷的活動。活動開始前幾小時，無數市民便聚集在購物中心門口，等大門一開，便一窩蜂似的衝進去。在這種情況下，很多結伴而來的購物者都會被人流沖散，如果又恰巧沒有帶通訊設備，恐怕一時半刻都無法找到對方。假設一對夫妻在擁擠的百貨公司裡走散，兩人事先並沒有約定會合的地點，而恰巧他們又都沒帶手機，他們還能找到對方嗎？以怎樣的方式尋找對方成功的機率會更高一些呢？

　　為了找到對方，兩人的心裡便開始了一場賽局。也許丈夫一直認為，妻子也希望在一個雙方都認為比較醒目的地點與自己會合，因為夫妻雙方都認為該地點比較醒目，易於發現對方或被對方發現。而且，妻子不會輕易判斷丈夫首先要去的地方，因為在上述情況下，丈夫首選的地方可能也是妻子所希望的。換言之，無論發生什麼情況，一方所到之處都將是對方所期望的地方。我們可以如此不斷推理下去，一方所想的問題不是「如果我是他，我該去什麼地方」，而是

「如果我也像他一樣在思考同樣的問題『如果我是他，我該去什麼地方』，我該怎麼做」。

　　人們通常只有在得知別人將做出和自己同樣的行為時，才會與他人產生共鳴，達成某種共識，我們把這種共識稱為「默契」。比如上文中的夫妻走散事例，二人若要重逢，就需要相互間的默契，也就是對同一場景提供的資訊進行同樣的解讀，並努力促使雙方對彼此的行為進行相同的預期判斷。當然，我們既無法肯定他們一定會重逢，也不能肯定雙方一定會對同一暗示符號進行相同的解讀。但是，夫妻雙方如以這種方式尋找對方，成功的機率一定比他們盲目地在購物中心裡亂轉要高得多。

　　大多數普通人在一個環繞的圓形區域走散後，通常都會不約而同地想到在圓形地帶的中心區域與對方會合。但是在一個非常規形區域走散，那就只能依靠個人的方位感在該區域的中心地帶與對方會面。

　　賽局論專家托馬斯‧謝林曾以多張地圖進行實驗，結果證明：如果一張地圖標有多個住宅和一個十字路口，人們大多會本能地趨於十字路口；反之，如果一張地圖標有一個住宅和多個十字路口，人們會本能地趨於住宅。這充分說明，唯一性能夠產生獨特性，從而吸引人們的注意力。謝林把這個具有獨特性、吸引人們注意力的點稱為「聚點」，並由此

提出了著名的「聚點均衡」理論。

在聚點均衡的研究中，謝林得出結論：一旦人們得知別人將做出和自己同樣的行為時，通常會協調彼此的行為，從而出現合作的契機。比如拳擊比賽中經常會出現兩個實力相當的拳手比拚實力的情形，一旦比拚開始，就沒有人能夠自主地決定撤出爭鬥，因為一旦你選擇撤出防守便會激發對方鬥志，你就會失敗甚至身受重傷，而繼續比拚，則會導致兩敗俱傷的結局。除非有外力使他們中止比拚，或者二人「心有靈犀」，同時一點點減弱攻勢。

生活中我們也常常能看到這樣有趣的現象，比如小兩口為小事賭氣吵架了，誰也不理誰。一天過去了，兩個人表面上不動聲色；三天過去了，彼此心中都有悔意，只是礙於面子誰也不好意思先開口；時間再長一些，彼此之間已經完全形成默契，這個時候，無論誰先開口，都將宣告一場冷戰的結束，兩人終會和好如初甚至比以前更親密一些。

不懂得從對方的角度思考問題，一味地將自己的想法強加於人，這種人很難體會到愛和美好，並且往往會由於發出的聲音不受他人重視而倍受打擊。你理解了對方，對方也一定會理解你的行為。凡事從對方的立場出發，尊重對方的意願和選擇，這樣才能夠引發對方的心靈感應，拉近彼此之間的距離。

3. 小處讓人，大處才能得人

　　鬥雞賽局描述的是兩個強者之間的對抗衝突，在有進有退的賽局中，前進的一方可以獲得正的收益值，而後退的一方也不會損失太大，而可能會失去面子，但是失去面子總比傷痕累累甚至喪命要好得多。當然，更好的效果不是一方退讓給另一方勝利的機會，而是雙方都能夠互相妥協，都有所收穫，取得雙贏的最佳結果。因此鬥雞賽局這一理論中就包含著妥協的道理，甚至可以說妥協是鬥雞賽局的精髓。如果凡事一定要爭個輸贏勝負，那麼不但僵局難以打破，而且還會給自己造成不必要的損失。

　　1968 年的美國大選，是民主黨候選人納爾遜·洛克斐勒（Nelson Aldrich Rockefeller）與共和黨候選人尼克森之間的對決。季辛吉作為納爾遜的智囊人物，立場自然與尼克森相對立，為了幫助納爾遜成功競選上總統，季辛吉經常在媒體面前大肆攻擊和詆毀尼克森，他還譏諷尼克森命中注定只配做個老二，因此建議經驗豐富的尼克森不如全力去競爭副總統的位置。

為了進一步降低對手的公信度，季辛吉還呼籲民眾不要把選票投給尼克森，他聲稱尼克森可能會是美國歷史上最具危險性的總統，不過即便如此，選舉的形勢還是日益朝著共和黨那邊傾斜，而民主黨由於準備不利，漸漸處於下風，最終在大選中敗下陣來。

但是此時的尼克森並沒有以一種勝利者的高傲姿態來挖苦對手，反而自降身分向季辛吉伸出橄欖枝，他真誠地希望季辛吉能夠加入自己的幕僚團隊。尼克森當然有著自己的打算，一方面，季辛吉的確是個出色的外交人才；另一方面，當時美國政府在民眾心中的形象不斷惡化，低調寬容的表現不僅可以緩和與民主黨的關係，還可以藉此取得民眾的支持。

尼克森後來多次約見季辛吉，兩人敞開心扉的交談讓季辛吉轉變了對尼克森的看法，季辛吉甚至不吝讚美之詞。他為尼克鬆寬大的胸懷以及高人一等的識人能力所折服。此後，季辛吉開始登上政治舞臺和國際舞臺，積極為尼克森出謀劃策。

每個人都有爭強好勝的虛榮，不願使自己成為弱勢族群中的一分子，所以很少有人具備示弱的智慧和勇氣，更沒有人願意唯唯諾諾地低頭服軟。殊不知，想要昂起頭來做人就必須先要學會低頭做人，想要得到別人的幫助就要先學會禮讓別人。

很多年前，在 Windows 系統還沒有誕生時，比爾蓋茲去請一位軟體高手加盟微軟，那位高手一直不予理睬。最後禁不住比爾蓋茲的「死纏爛打」，他才同意見上一面，但一見面，就劈頭蓋臉譏笑說：「我從沒見過比微軟做得更爛的操作系統。」

比爾蓋茲沒有絲毫的惱怒，反而誠懇地說：「正是因為我們做得不好，才請您加盟。」那位高手愣住了。蓋茲的謙虛把高手拉進了微軟的陣營，他後來成為 Windows 的負責人，終於開發出了人們普遍使用的操作系統。

假設蓋茲聽了那位軟體高手的話後勃然大怒，結果兩人不歡而散，這對於雙方來說，都是不小的損失。但是蓋茲選擇讓步，雖然心裡可能不情願，但是從長遠看，自己得到的利益會遠遠大於損失的面子。

由此我們可以看到，在一場賽局中，雙方利益發生衝突的情況下，並非只有魚死網破、你死我活一條路可以走，如果你要為自己最長遠的利益打算，就有必要在賽局中向對方妥協，很多情況下，也只有妥協才能使鬥雞賽局取得圓滿的結局。

美國石油巨頭保羅·蓋蒂（Jean Paul Getty）說：「做事最忌目光短淺，只見到眼前利益的人，從來不會發現隱藏的機會。」我們要懂得進行人脈投資，如果能在小事上幫助別

人、謙讓別人，滿足別人的自尊心，對方自然就會義無反顧
地貢獻自己的力量為你提供幫助。不要逞一時之勇，也不要
留戀眼前的得失，只要你真正放低自己的姿態，就一定會獲
得別人的真心。

4. 獲勝靠的是優勢策略

在囚徒困境中，最佳策略並不顯而易見，需要向後展望，從後反推。選擇最佳策略又基於兩個簡單概念，即優勢策略與均衡策略。我們可以看出，只有一方擁有優勢策略時的賽局，擁有優勢策略的一方將採用其優勢策略，而另一方會針對這個策略採用自己的最佳策略。

在商場競爭中，有一個「報業賽局」就是運用了其中的妙處：

1994 年，傳媒大亨默多克（Rupert Murdoch）試驗性地在史泰登島把旗下的《紐約郵報》零售價降到了 25 美分。沒過多久，競爭對手《每日新聞》做出了反應，它並沒有降低價格，而是把價格從 40 美分提高到 50 美分。這件事在他人看起來有些離譜。外界媒體《紐約時報》發表評論說：「看起來《每日新聞》是在刺激《紐約郵報》繼續在全紐約降價。」

剛開始，兩份報紙都是 40 美分的價格，但默多克卻認為要想減少營運負擔，報紙的零售價應該漲到 50 美分更合適，

於是他便率先採取了行動。而《每日新聞》則藉機停留在 40 美分的價格上而沒有漲價，結果《紐約郵報》失去了一些客戶，並且還帶來一些廣告收入的問題。

默多克當時認為這種情況不會持續多久，但是《每日新聞》卻一直處於按兵不動的狀態。默多克頗為惱火，認為需要顯示一下力量，讓《每日新聞》知道：如果有必要，他有能力發動一場報復性的價格戰。當然，如果真的發動一場價格戰，那麼對自己也會造成一定的損失，形成兩敗俱傷的局面。所以，他的目標是讓《每日新聞》感到威脅的可信性，又不投入真正戰鬥的費用，於是他設計了一種讓《每日新聞》提價的戰術，進行了一次試探性的力量顯示：結果就是在史泰登島上把價格降到了 25 美分，顯然，《紐約郵報》的銷量就會立竿見影地上升。當然，《每日新聞》也理解了他的用意。

對於《每日新聞》來說，利潤大幅下降是必然的結果，出於對後果的考慮，《每日新聞》放棄了投機心理，採取了明智的策略，將報價提高了 10 美分，它既不敢也不願激怒默多克，但對它來說，漲價也並不吃虧。從賽局雙方的情況來看，這正是優勢策略下雙方所得的結果。

顯然，從參與競爭各方最好的結果來看，就是都不降價。而在現實中，幾乎所有的企業都不可避免地陷入了價格

戰的囚徒困境中。這就如同看足球賽，如果前排的人為了看得更遠而站起來，後排的人必須也得跟著站起來，如果不站起來你就看不到，而人人都站起來，實際上相當於人人都沒站起來，即便如此，你還是不得不跟著站起來。

在商業競爭中，並不是所有的人都能找到自己的最佳策略。有些是因為對現有知識、資訊的認知、掌握和運用不夠，有些則是因為在實踐中遇到了新的問題。但無論如何，當許多相互連繫的因素存在並且很難從各種判斷中選擇正確的決策時，賽局論能有效地提供幫助，並且具有徹底改變人們對商業認知的潛在能力。

加利福尼亞州有一個果農，他善於學習和創新，因此掌握了科學的栽培方法和改良品種的技術絕活。他種植的水果總是比別人家的要大、要甜。每年，在州裡舉辦的農產品展覽會中，他都會因為種植的新品種而獲得大獎。令人不解的是，他在得獎之後，總是毫不吝惜地將新品種分給大家品嘗，並將種子免費送給自己的左鄰右舍。

有一位鄰居很詫異地問：「你的獎項來之不易，每年你都為改良新品種付出大量的時間和精力，為什麼還慷慨地將種子送給我們呢？你這麼做難道不擔心我們會超過你嗎？」果農笑著回答說：「我將種子分給大家，並不是因為我有多麼大公無私，這其實對我自己也有很大的好處！」

原來，果農居住的鄉村家家戶戶都種植果樹，每家的果園都毗鄰相連，他只有將優良的種子分給鄰居，鄰居們才能改良自家品種，這樣才可以避免蜜蜂在傳播花粉的過程中，將臨近的較差的品種傳播給自己家的果樹，造成下一代水果品質下降。如此一來，果農就不用在防範外來花粉方面付出精力，而專心致力於品種的改良。

另一方面，果農將優良的種子送給大家，就使得別人也有了跟他一樣好的種子，這就給了他不斷努力改良和培育新品種的壓力和動力，讓他始終保持領先的地位。

這就是囚徒困境在現實生活中的生動寫照。其實所有果農之間都存在著競爭的關係，沒有誰會做毫不利己、專門利人的事。每家的果園之間都存在著客觀聯繫，如果所有果農都只顧著自家的一畝三分地，那麼即便存在優勢，也會被平均而難以保持下去。聰明的果農能夠在眾多競爭策略中尋找到一個最佳策略，那就是主動散播優勢，使自己保持並提高優勢。

賽局論研究學者阿爾文·羅思（Alvin E. Roth）博士認為，在競爭中，如果出現囚徒困境，你一定要客觀冷靜地分析清楚什麼才是你的優勢策略，什麼才是你的劣勢策略。將你的優勢策略發揮到最大限度，這樣可以極大地提高你的競爭力。

5. 利益，有時是對手帶給你的

　　鬣狗是非洲大草原上最臭名昭著的強盜，牠個子矮小，速度也不算太快，在追逐獵物時往往會吃虧。雖然牠們依賴驚人的耐力和出色的團隊合作，也能得到豐盛的食物，但比起搶奪，這個代價要大了許多，效率也低了很多。

　　獵豹是草原上的超級捕獵者。依靠超快的速度和高超的捕獵技巧，獵豹可以輕鬆捕獲獵物，所以鬣狗經常會跟蹤獵豹，等到獵豹捕獲獵物時，就上前爭奪，而獵豹在抓捕過程中已經耗費了大部分能量，根本無力對抗鬣狗的進攻，只好忍痛割愛。

　　同為草原上的肉食動物，獵豹和鬣狗經常因為食物而發生衝突，他們是天生的競爭對手。獵豹有超強的捕獵能力，懂得如何輕鬆捕捉獵物；而鬣狗則有出色的賽局技巧，知道何時能乘虛而入，不勞而獲。

　　賽局其實就是一種利益之爭，在利益的爭奪中就不免會存在敵對關係，很多時候賽局的對手就是敵人。賽局雙方因為利益常常相互纏鬥，在竭力為利益拚搏時，殊不知利益也

有可能是對手給你創造的，一個高明的賽局者懂得利用對手的能力來為自己謀取利益。

A 公司準備在南非開採金礦，卻遇到了一個外來的強勁競爭對手，兩相角逐之下，A 決定暫時退出競爭，讓給對方開採。

一個月以後，這個競爭對手面臨嚴重的資金壓力。由於礦帶埋藏得非常深，最佳開採地點一直沒有找到，結果浪費了巨大的財力和時間。此時，競爭對手對於 A 突然做出退出的決定漸漸產生了疑惑，甚至開始認為這是 A 公司設置的陷阱。經過一番思索後，這個競爭對手動搖了開採金礦的決心，最終放棄繼續開採，離開了南非。

等到對手離開南非後，A 公司迅速取得了金礦開採權，在對手已經開採過的舊礦井中輕易就找到了金礦帶，正是因為對手的「艱苦開採」為自己省去了很大的麻煩，減少了巨大的開採成本，結果不費吹灰之力就得到了預期的利益。

A 公司成功搭上對手的順風車，利用對方投入的成本來作為自己事業的敲門磚，讓競爭對手替自己創造了利益。

除了利益爭奪上的針鋒相對、互不相讓，競爭的雙方也許會存在合作的可能性，也許你的對手具備創造利益的能力和條件，將來可以為你爭取到特定的利益，一旦雙方開始合作，你離成功就不遠了。一個有遠見的人不應該抹殺這種合作的可能性，所以為人處世不應該做得太絕，應該明白「勢

不可去盡」的道理，凡事要給別人留有餘地，這也是在給自己留些退路。

　　成立於 1946 年的索尼公司是電子消費業的先驅，也一直是電子產業的巨頭，樹大根深、實力雄厚，而三星則是後起之秀，是數位電子業的新星，發展勢頭非常強勁，漸漸具備了與索尼分庭抗禮的實力，打破了索尼公司壟斷市場、一家獨大的格局。

　　兩大公司為了爭奪市場，經常會發生衝突，從網路銷售到商場零售，從電視產品到錄影機、DVD，兩大巨頭總是不可避免地要進行正面交鋒，互相競爭、互相排斥。

　　索尼將三星列為最大的競爭對手和敵人，處處打壓三星的勢力，而三星也將索尼當成超越的目標，不斷挑戰索尼的權威。雙方你來我往，互不相讓。在雙方的激烈爭鬥中，誰也沒有占到多大的便宜，索尼面臨多重憂患，無力做出重大反擊，而三星在爭奪戰中也顯得底氣不足，畢竟「瘦死的駱駝比馬大」。

　　面對這種局面，索尼開始主動改變策略，停止對三星的打壓，因為自己現在實在沒有多餘的能力去克制三星的發展，如果一直都採取對抗打壓戰術，將會給自己增加很大的風險和負擔。而三星也認為長時間與索尼競爭下去對自己的發展非常不利，漸漸放棄了激進的挑戰策略，開始尋求相對保守的平和策略。

雙方「罷兵」後，漸漸產生了合作的意向，索尼急於脫困，希望重振雄風，而三星則想穩中求勝，欲再創新高，合作已是大勢所趨。

索尼藉助三星這個合作夥伴，一步步實現了自己的復甦計畫，而三星靠著索尼這棵大樹也逐漸提高了自己的地位和形象，得到了迅速發展。

索尼與三星如果一直纏鬥下去，勢必會兩敗俱傷，而索尼及時做出調整，向三星伸出橄欖枝，雙方開始罷兵言和，甚至找到了合作的契機，結果雙方都依靠對手獲得了預期的利益。

賽局雙方地位和角色的轉變往往會因為利益的變化而變化，「是敵是友」常常取決於利益，賽局之中，很少有純粹的競爭對手，也很少有純粹的合作夥伴，這就考驗著賽局者的技巧和眼光，需要掌握好競爭的分寸，不能將競爭關係變為敵對的仇恨，這樣就容易陷入僵局。

無論是策略上的後發制人，還是合作潛力的發掘，展現的都是一種賽局智慧，這些是主觀上的爭取，有時候，對手給你帶來利益則是對方為了獲得利益所需要做出的一部分犧牲。

1920 年代，兩個英國人到非洲淘金。歷時半個月，他們得到了很多金子，可是等到他們準備拿著「戰利品」回國

時，見「財」忘義的兩個人都開始打起獨吞財產的算盤。

於是，兩人大打出手，結果不小心滑進了一個大洞裡，裡面暗無天日、漆黑一片，只能抬頭看見洞口的白光。兩人尋找了半天，也沒有找到出口，而想要爬出去比登天還難，兩人很沮喪，於是在洞裡面又爭吵起來。

兩天過去了，食物嚴重缺乏，兩人漸漸體力不支。其中一個人發現地上有一大塊麵包，這顯然是打鬥時掉落下來的。兩人都開始提高警惕，在這種情況下，這塊麵包就等於救命符，誰擁有了麵包，誰的生還機會就更大，可是一方得到麵包，另一方必然會增加死亡的風險。

在這場生死之戰中，撿到麵包的人卻將麵包的一半分給了對手，因為他知道一旦自己準備獨享麵包，對手一定會拚死爭奪，這樣對自己非常不利。更重要的是，當時是猩紅熱的高發季節，虛弱的人很容易感染這種傳染性疾病，如果對方這時候不幸患病，那麼自己的處境也將會非常危險，權衡利弊之後，他「大方」地拿出麵包救了對手一命。三天之後，兩人安全獲救。

在賽局過程中，不要一味地主動發起進攻，爭奪自己想要的利益，應該更睿智地看待問題，分清形勢，利益有時候是對手為你創造的，而這種賽局方法可以為你節省更多的成本，減少更多的正面衝突，使索取利益之路變得更加輕鬆。

6. 平和才是最高層次的賽局

　　俗話說：「量小失眾友，度大集群朋。」做人就要有寬闊的胸襟和過人的度量，只有這樣才能贏得更多的友誼。

　　有位哲人在著作中提到過兩種對立的人生哲學：獵人式和園丁式。很多人都把賽局論歸結為前者，為了蠅頭微利而陷入蕪雜的紛爭之中，甚至不惜一切代價，為自己樹立一個又一個假想敵，最後在自我恐慌中止步，於是才有了「以和為貴」的理念。

　　也許有人要說：人類是自私的，人不為己，天誅地滅。大到國家利益，小至私人事務，就連環保節約也是站在地球能夠長遠發展以及能源能夠有效利用的基礎上，這在一定程度上展現了人本主義，但是我們也應該看到人本主義的仁慈。「人敬我一尺，我敬人十丈」正是平和賽局在人際交往過程中的展現。

　　司馬遷在《史記》中曾不遺餘力讚揚藺相如，稱其剛柔並濟，收放自如。

完璧歸趙與澠池之會後，趙王對藺相如的表現大為讚賞，將其封為上卿，官位居於廉頗之上。身為武將的廉頗自是不服，於是和藺相如在明裡暗裡展開較量。這時候的藺相如避其鋒芒，寬容忍讓。但是如果僅僅依靠退讓就能使廉頗幡然悔悟也是不可能的，於是藺相如藉門人之口向世人解釋了其退讓的理由：我並不是害怕爭鬥，強秦之所以不敢攻打趙國，是因為有我藺相如和廉頗在。在這個關鍵時期，我們兩人爭鬥起來，勢必兩敗俱傷，對趙國沒有任何好處，反而讓秦國得益。所以，不是我不能爭，而是我不願爭。藺相如「不為己爭而為國爭」的寬容打動了廉頗，廉頗負荊請罪，藺相如與廉頗一起上演了「將相和」。自此藺相如與廉頗攜手保衛趙國，使得秦國望而興嘆。

在這個將相和的故事裡，廉頗把藺相如定位為假想敵人，所以不斷挑釁以爭高低，他的賽局是強弱之爭；藺相如則從大局出發，以退為進，贏得了最後的勝利。以退為進是自我表現的藝術，也是平和賽局的方法。不刻意追求反而有所得，過於執著只會徒增煩惱。

一群年輕人在餐廳吃飯，服務員端上來一盤辣椒特別多的菜，其中一個提出換一盤不放辣椒的，可是餐廳有規定沒有品質問題的菜是不能換的，因此遭到拒絕，最後雙方因此大打出手。餐廳以人多勢眾的優勢趕跑了那幾個年輕人，從

表面上看，這場賽局的勝利者當然是餐廳一方，而實質上，他們真的贏了嗎？

從長遠來看，餐廳一方並沒有贏，因為他們的勝利是建立在失敗一方的屈辱之上的，他們必將為此付出代價。當毆打顧客的消息被傳開之後，這家餐廳的生意必將因此受到影響。新顧客聽說這家餐廳的店員竟敢打顧客，肯定會認為餐廳菜做得也不怎麼樣；老顧客得知這家店的人把顧客打得不輕，以後便再也不敢來這裡吃飯了。

不能平和處事也許是人際賽局中最糟糕的表現。在平時，還有許多這樣的事情，像在窄巷裡相遇的兩臺車，一個要進，另一個要出，只有一方讓路給另一方才能解決問題。可是哪一個車主都不肯倒退，矛盾也就隨之而來了。一方認為：只有我先出了巷子你再進來，先出後進理所當然；另一方則認為：我先進的巷了，你後進來的應該退回去。結果，兩人在理論無果的情況下，你推我一下，我打你一拳，最後扭打成一團。只好找來警察將二人都教育一番，問題才得到解決。

日常生活之中，有很多人都會因為一些雞毛蒜皮的小事而口沫橫飛，甚至有的時候還會大打出手。其實用賽局的觀點來分析，我們就可以明白，為一些不必要的小事而去爭執，這樣做不僅傷神而且費力，實在是不值得的。凡事要看

開一點，不要對個人的得失斤斤計較，胸襟放坦蕩一點，凡事都處理得平和一點。

　　所謂的平和賽局並不僅僅局限於人際交往中的爭執糾紛，在很大程度上也展現在交際能力上。賽局本是一種平和之道，小到人際交往，大至商場戰場，賽局無處不在。

　　曾經有人問傳教士地獄與天堂有什麼不同，傳教士把他領進一間屋子，一群人拿著長柄的湯匙圍在大鍋前不停地叫嚷，由於湯匙柄部太長，無法將湯送至嘴裡，所以他們也只能看著美味無可奈何。教士把他領進另一間屋子，同樣的條件，這個屋裡卻其樂融融，一片祥和。因為他們在彼此用湯匙餵給對方吃。傳教士說，前一個是地獄，後一個是天堂。

　　這便是平和賽局之樂，既能合作，又達到雙贏。所以合作賽局正在逐漸取代以前的零和賽局，小至人際關係，大到企業間的強強聯合，都在一定程度上證明了合作賽局所帶來的效益。如果存在利益便以競爭的手段來解決，那社會將會陷入混亂的境地。

　　曼德拉於 1991 年當選為南非總統，在總統就職儀式上，他邀請了當初被關監獄時他的 3 名看守，讓在場的人十分感動。他說：「當我走出囚室，邁出通往自由的監獄大門時，我已經清楚，自己若不能把悲痛與怨恨留在身後，那麼我其實仍在獄中。」在這場與舊日恩怨賽局的過程中，曼德拉用

平和選擇了對過去的遺忘。人們常常因為挫折和失意而怨天尤人，如果以平和的心態面對這些挫折與磨難，就會懂得人生的真諦。

　　平和也是賽局的核心內容，只有平和的關係才能夠使雙方更好地合作，才能夠讓你在處事的過程中少一份煩惱。在人際交往中以和為貴，不拘小節；在企業的發展中誠信經營，以質取勝；在國家關係上互惠互利，合作雙贏，只有這樣，人類社會才能得以和諧有序地發展。

第六章

影響他人，把話說到對方的心裡

賽局論告訴我們如何在複雜的對局中，採取最佳的策略而成為
勝者，而心理學告訴我們如何調節自己的心理，如何了解他人
的心理，從而為自己獲得最大的收益。賽局心理學就是教會我
們採用什麼樣的策略來達到影響他人的目的。通常情況下，我
們可以用說話的技巧來達到影響他人的目的。也就是說，能否
讓對方心甘情願聽你的，關鍵在於能否把話說到別人的心窩
裡，打動別人的心弦。

1. 讓對方說「是」的技巧

電機推銷員哈里森到一位客戶的公司拜訪，打算說服對方再購買幾臺新式電機。不料，他剛踏進這家公司的大門，便挨了當頭一棒：「哈里森，你又來推銷你那些破玩意兒！我勸你不要做夢了，我們再也不會上你的當！」經理史賓斯惱怒地說完，頭也不回地走開了。

哈里森被罵得一頭霧水，但他沒有放棄，而是馬上去了解情況。原來史賓斯昨天到工廠檢查，用手摸了一下前不久哈里森推銷給他們的電機，居然把手燙出水泡了，於是斷定電機品質太差，絕不再購買哈里森推銷的產品。

哈里森冷靜考慮了一下，認為如果硬碰硬地與對方辯論電機的品質，肯定於事無補。他想到了另外一種戰術，於是再次找到史賓斯：

「史賓斯先生，您的抱怨我完全同意，假如電機品質有問題，別說買新的，就是已經買了的也必須退貨，您說是嗎？」

「是的。」

「當然，任何電機工作時都會有一定程度的發熱，只是發熱不應超過全國電工協會所規定的標準，您說是嗎？」

「是的。」

「按國家技術標準，電機的溫度可比室內溫度高出42℃，是這樣吧？」

「是的。但是你們的電機溫度比這高出許多。你看，昨天幾乎把我的手都燙傷了！」

「實在抱歉，不過請稍等一下，請問你們工廠裡的溫度是多少？」

「大約24℃。」

「工廠是24℃，加上應有的42℃的升溫，共計66℃左右。如果把手放進66℃的水裡會不會被燙傷呢？」

「當然會。」

「那麼，請您以後千萬不要去摸電機了。不過，我們的產品品質，你們完全可以放心，絕對沒有問題。」就這樣，哈里森說服了這位經理，接著又做成了一筆買賣。

哈里森的成功，不僅是因為他的電機品質合格，更重要的是，他能巧妙地利用人們心理上的微妙變化而選擇提問的方法，讓人沒辦法說「不」。如果你的一連串問題，會讓對方一直給出肯定的回答，那麼就會使他整個身心趨向肯定的一面。如果對方對你表示肯定，而且心情放鬆，那麼你們的

談話氣氛自然變得和諧，原本的偏見也會蕩然無存，達成一致便不成問題。

那麼如何才能讓對方給出肯定回答呢？通常情況下，人們對於大多數的事情其實沒有強烈的主觀意見，只有在被問到之後才開始真正思考。因此，提問題的人就存在很大的發揮空間，可以運用誘導或暗示的方法引導對方說出設定好的答案。

每個人都會在意別人對自己的看法，這是人性中所共有的特點，所以人們在回答自己也不太確定的問題時，便會思考「我這樣回答會令對方怎麼想呢」。這個時候，如果提問者在問題裡預設了答案的「傾向」，就會讓回答者不自覺地想要往那個答案靠攏。

比如：你想要讓上司親口稱讚你設計的產品的外觀，於是你問他：「您覺得我設計得如何呢？合您的意嗎？」你很容易得到這樣不確定性的回答：「這個嘛，好像也還好，怎麼說呢？」但如果你這樣問：「您覺得我設計得如何呢？我考慮到簡潔、環保等因素，同時也考慮到了節省成本，這些都是按照您的要求，是吧？」大多數的人都會不知不覺順著你的話回答：「是啊，真的很不錯。」

再比如：你想約一個總愛遲到的人，可以使用「限制法」提問，將結束的時間提前告訴他。如果你跟對方說：

「晚上 6 點老地方見好嗎？」很可能他就會跟平常一樣姍姍來遲。但如果你說：「我晚上 7 點還有事情，所以我們就約 6 點在老地方見可以嗎？」這樣就能給對方時間壓力，使其有意識地避免遲到。

要讓對方說「是」，我們就要創造出讓對方說「是」的氣氛。我們提出問題前必須經過細心考慮，不可想到什麼就問什麼。例如：一位業務員在推銷產品時與顧客進行了一場對話：

「今天天氣還是和昨天一樣悶熱，是嗎？」

「是啊！」

「聽說最近通貨膨脹、治安混亂，是嗎？」

「是的！」

「現在這麼不景氣，大家賺錢都不容易了，是吧？」

「是呀！」

這一類問題看似拉近了兩人的距離，好像也創造出肯定的氣氛，不論推銷員如何說，對方都會回答「是的」。可是，注意他問話的內容，全是消極、悲觀的抱怨。這種氣氛讓人無心購買任何商品。因為顧客在聽到他的詢問後，會變得心情沉悶，自然沒法將興趣集中在商品上。

想要使你的提問更容易獲得肯定的回答，不妨在問題中暗示你想要得到的答案。比如一位業務員發現顧客在某個商

品展臺前流連，便上前去問對方喜不喜歡，想不想買。比較
內向的顧客很可能會排斥這種非常直接的問題，他可能會搖
搖頭走開。如果業務員這樣問：「您一定很喜歡，是吧？」
對方一定無法排斥這樣的問題。在對方還沒有回答之前，業
務員一邊問一邊點頭，也會誘使對方做出肯定回答。

　　能夠讓對方說「是」的問法，總是需要結合一些心理
學的技巧。有時不論你多麼替對方著想，如果不能很好地傳
達，對方也不會為之所動。因此，你必須在你的問題中加入
鼓勵與暗示性的元素，讓聽者聽著舒服，不自覺地順著你的
話說，讓對方在循循善誘的愉快交談中，欣然接受你的意見
和建議。

2. 充分的證據，更讓人信服

　　談及「證據」一詞，大部分人都會認為這是法律上的專業術語，在生活中並不會常常用到。實際上，大到公司之間的合作，小到個人之間的交流，為了讓自己的語言更有分量，就要做到有理有據。在我們的賽局心理學中，講證據指的是我們應用的客觀現實和事實依據來讓我們的意圖更加易於被廣泛接受和認可。

　　美國 19 世紀著名的大作家馬克‧吐溫，不僅在文學方面取得了巨大的成就，他還是當時人人敬畏的訴訟大王。他寫的文字往往比資深專業律師所寫的狀紙還要令人信服。風光背後的馬克‧吐溫大多數時間是在書房中用生命和時光來累積與記憶知識。他的書房堆滿了書籍、圖片等各種資料，這些資料都是他親手整理並且分門別類地儲存歸檔。正因為有這些資料的累積，才能讓他在和別人爭辯或者發表演講的時候，做到言之有物，有理有據。

　　在人與人平時的交流中，尤其是要說服別人做決定的時候，客觀真實的證據資料就是不可或缺的重要因素。大部分人在平時說話的時候，都喜歡使用模糊性的語言，沒有確鑿

151

的例證和數據，聽話的人也就隨意聽聽，接受度也不會太高。這裡要明白的一點是，想要攻克對方的心理，有時候也要挑戰自己的講話習慣，畢竟大部分人都是懶於接觸數據的。向決策者們提供的資料應該是客觀真實的，而不是單純的個人主觀看法，只有做到真實具體、有理有據，資料的說服力才會大大增強。我們需要牢記的是，人們對事物做出的判斷不但會受到證據的影響，同時也會相應程度地受到證據來源的影響。

當大家都對某一件事持有同樣態度時，你是否能夠做得更好？多數人的壞習慣往往是少數人突出自己的機會。當大家都使用模糊語言的時候，如果你可以拿出數據，那麼，你掌握與提供的數據越多，你所說的話就越可信，大家對於你的觀點也更容易產生認同感。下面就分別來談談具體的方式方法。

方法一：學會利用數據

在溝通、演講、談判，甚至是辯論的過程中，我們不能空談理念，恰當地引用數據往往可使人滿意、震驚、憤怒、無奈或難過，同時也能使聽者自然而然地被「數據」所說服。

美國禁槍運動發起人曾這樣表述自己的觀點：「1963 年到 1973 年越戰期間，一共有 46,752 名美軍喪生在越南的戰場上。在同樣十年之間，美國境內因槍殺事件而死的美國

人，共有 84,633 人。」數據會說話，從兩項數據對比來看，美國國內因允許私人持槍而導致治安環境的不斷惡化，人員傷亡數量甚至不亞於一場戰爭，觸目驚心。

經過匯總概括得出的數據一般通常都可以帶給人深刻的印象，並且其說服力也很強，特別是當它作為重要證據出現時，其所造成的效果是單純敘述事例所無法比擬的。但是，數據本身是枯燥的，在使用數據時，我們應該帶著明智而審慎的態度，最好結合動態語言，以便增加鮮活的色彩，讓聽眾在心理上不會產生厭倦感和排斥感。

一位導遊在講解某個古代遺跡有多麼雄偉時，如果只是枯燥乏味地列出坪數，肯定不會太有說服力，但他採取的方法是告訴遊客們，那個古代遺跡可以讓 2,000 人居住其中，並且還有配套的娛樂休閒空間。這樣一來，人們對它到底有多雄偉就有了更加直觀的認知。

方法二：引述權威的觀點

在對話過程中，還有一種強而有力的說服方式，就是引用權威的論述。權威可以是一本專業的雜誌，可以是一個在現實生活中擁有強大說服力的人，也可以是一個有公信力的組織機構。

很多人在引用觀點時，常常會習慣性地使用模糊的說法：「據自然科學說……」這種不嚴謹的說法很有可能招致

其他人引用同樣的科學證據來反駁，導致自己本來正確的觀點和言論變得不被接受，從而在心理賽局的論戰中一敗塗地。因此，在以理服人的過程中，我們必須要確認自己的觀點可以經得住現實檢驗。不管是權威的發言，還是科學的論據，你都應該在說出口以前，先問自己以下問題：

a. 你引用的是不是該人士的專長？

　　你引用愛因斯坦的話來說明愛情方面的觀點，顯然你只是重在展現出他姓名的權威，而非他的專長。

b. 聽眾是否尊重與熟悉那個人？

　　面對大眾演講時，你突然拋出了一個只有專業人士才知道的人的名字，卻沒有介紹他在某專業中的成就，那麼，你的證據就很可能不被接受。

c. 引述是否來自第一手資料？

　　如果你能明確指明，你給出的證據是對方在何時何地，因什麼樣的情景而講出了這段與他的專業相關的話，那麼，你的說服力將會更強。

d. 是否運用具體情節和事例？

　　你刊登廣告，推銷某種藥品，是把藥品的成分、功能、用法詳細介紹一番好呢？還是介紹某個患者使用後如何迅速痊

癒的事例好呢？當然是用真實的事例來佐證藥效，更容易讓消費者在心理上接受和認可。優秀的勸說者都清楚地知道這樣一點：個別具體化的事例和經驗比概括的論證和一般原則更有說服力。因此，你想多賣藥品，就應酌情使用後面一種方法。

在日常生活中，你要說服別人，就應旁徵博引，使用具體的例子，而不要一味空洞說教。比如：鄰居家的一棵大樹盤根錯節，枝葉茂盛，遮住了你家後園菜地的陽光，你想與他商量一下這個問題，是應該到他家去呢，還是請他到你家來？在列舉證據的時候，我們需要明白的是，想要攻克對方的心理，有時候我們也要挑戰自己的習慣，畢竟在平日裡，大部分人都懶於去接觸、收集和使用數據。如果你希望自己是生活中的「路人甲」，你當然可以不用辛苦地收集證據，但如果你希望成為生活的主角，或者希望活出自己的味道，那麼在與他人的交流過程中，你就不能僅憑經驗來判斷，因為經驗通常會欺騙和誤導自己，只有數據才是客觀與真實的。

只有客觀、準確地掌握一件事情中所涉及的核心數據，才能把眼光落到實處。當我們學會用證據來檢視和指引我們行為的時候，獲得的結果會更精準，行動也會更有效率。我們平時在與他人的心理賽局中，尤其是要說服別人改變自己堅守的意志來接受我們的觀點的時候，客觀的資料和真實的證據可以直接有效地幫助我們在這場賽局中大獲全勝。

3. 打動固執的人，先消除其防範心理

在日常生活中，我們常常遇到固執己見的人，我們覺得他們是不可理喻的、無論如何也講不通的，我們對他們簡直是「無可奈何」。固執的人通常很難接受別人的建議，不管建議是否合情合理，他還是會固執地認為「只有自己的思想才是最有價值的」。事無絕對，當情勢所需的時候，我們不得不去嘗試著改變他們的固有思想，這時就必須講求策略了。

人與人之間的意見交流，就是一場心理上的賽局，對弈雙方都會自然產生一種防範心理，而且越是固執的人，這樣的防範心理就會越重。這時候，要想成功說服對方，你就必須先消除對方的防範心理。如何消除防範心理呢？從心理學角度分析，防範心理的產生是一種自衛意識，即當人們把對方當作假想敵時產生的一種自我保護心理。而消除防範心理的最有效方法就是反覆給予暗示，表示自己與對方不僅不是對立的，反而是認可和充分尊重對方的意見，從而讓對方放下防備，打開心扉。

　　內文是一家大型紡織工廠的副經理，他發現讓一個人改變長期秉承的工作模式的最好方法，是讓這個人認為，這一切都是他自己想要去改變的，讓他對這種改變負有全部的責任，同時表彰他的積極主動與擁有預見能力的性格，對方便會積極地接受這種改變。這種策略對於工廠管理者和工人來說是雙贏的 —— 工人會感覺到自己的工作更重要、更有價值，生產效率也獲得了提高，而這也恰恰是工廠管理者所期望的。

　　例如：工廠中的生產監督員賈德森是一個很優秀也很固執的人。當工廠因為生產線效率低而亟待改進時，他卻固執地認為目前的狀態是最有效的。於是，內文在電話裡對他說：「賈德森，我想如果我們能夠將生產線換個位置，然後再加上兩條電動軌道的話，我們的生產速度肯定還可以獲得提高。不過，我還是想聽聽你的意見。」第二天一早，賈德森就來到了內文的辦公室，他說：「我想我有了一個更好的主意。其實，如果我們將每一條生產線都換到另一個方位，並替生產線組多加4條電動軌道的話，那麼，我們在組裝線上便能少走不少彎路，而我們的生產效率也會提高很多。我們不妨試試看。」

　　賈德森的建議恰恰是內文想要讓他做的，而這種方法遠比指揮一個優秀的雇員去做什麼更好，因為很多人都不喜歡

被直接安排去按照固定的模式做自己的工作，他們更樂於按自己的方式工作。然而透過引導，員工透過提出新的方法受到了管理者的肯定和嘉獎，而管理者也達到了自己的目的，這讓雙方在心理上都樂於接受。

在固執的人面前，道理與邏輯根本發揮不了任何作用，情感與理智也不會帶給他們太大的影響，而要想說服他們，我們就有必要了解固執者的心理狀態，因勢利導，才能達到最終目標。一位心理學教授透過對人際關係的深入研究發現，「固執己見」多是由以下四個原因引發的：

○ 他什麼建議都聽不進去，對他而言，新想法肯定不如現有的好，改變對他而言是一件麻煩甚至可怕的事。

○ 他的性格存在缺陷，自大自負成為習慣心理，總喜歡排斥甚至詆毀其他人。這種人的特點就是不管別人的想法多麼有說服力、多麼合理，但只要是別人說的，他就絕對不肯聽，他只接受和認可自己的想法。

○ 他剛剛在心理上受了傷害，有人占了他的便宜。雖然那件事與你毫無干係，但是他卻心有餘悸，在一段時間內有著極強的防範心理，不信任也不願意接受任何與其習慣相違的想法。他不確定自己的決策是否正確，寧願保守現狀不做改變，也不願意再被人欺騙、傷害。

○ 他屬於情境厭惡型 ── 他的固執與你是沒有關係的，只是「整個想法」聽起來與他「不搭」，不像他的所作所為，你所說的東西與他的自我認知不一致，導致心理上無法產生認同，更無法接受。

如果你曾經遇到過上述四種人，你就會發現爭辯是沒有用的，你越是據理力爭，他們越會抗拒，根本無計可施。不管你說了什麼、做了什麼，全部沒有用 ── 當然，如果你是個善用心理賽局的高手，那麼這一切困難對你來說就不是問題了，只需要簡單的三個步驟，就可以讓他改變心中的固有看法，讓其變換對人或者對事的態度。

第一步：在心理上獲得對方的認可

想要改變對方的態度，進而贏得他的同意，你要做的就是讓他在心中認可你。不管對方抱有怎樣的觀點，透過這一步，你都可以迅速地扭轉他的想法。假如你想說服同事聽聽你的建議，你只需要說：「我們看起來都不是固執的人，你說對嗎？」過了一會兒，當你談到與對方僵持不下的議題時，你會發現，對方變得異乎尋常地願意合作。這是因為，一旦你的同事同意了這一陳述，他會在無意識間主動地採納與之相符合的行為。

第二步：限制對方做其「不願意做的事」

細心的朋友會發現，一些店家發放的優惠券上總是印著有效日期，促銷活動也總是「限時特賣」。店家之所以這樣設置時限，是因為他們懂得如果不存在時間限制，顧客的購買欲望就會降低，一旦某件事情有了限制，我們便會認為自己對它產生了更強烈的興趣。當你提出了解決方案時，你不妨暗示對方，你認為他不會改變自己的想法，更不會接受你的方法，而他的潛意識中已經開始動搖了，這一招正是賽局心理學中的「欲擒故縱」與「激將法」。

第三步：說服對方之前，要盡量安慰對方、同情對方

對方固執的心理防線猶如層層厚厚的冰雪，我們要想讓對方的心理防線消融，就要用語言把對方引導到一個鳥語花香、陽光明媚的春天裡，讓他們的身心都處在一種溫暖愉快的氣氛中，對方堅固的心理防線像冰雪在春天裡消融，逐漸顯露出本心，而面對一個心理上不設防的對手，我們的心理賽局豈有不勝的道理。

在我們朋友之中，有很多善於替人剖疑析難、排難解憂的人，他們都是在經常關心別人、在設法解決別人的問題的努力中，累積起豐富的說服別人的經驗。如果你懂得怎樣去說服固執的人，不心急、不暴躁，多用點心思、多動點腦

筋，那麼固執的人也可說服。我們只要能夠合理地運用賽局
心理學中的種種策略，卸掉對手的心理防範，那麼我們面對
那些「頑固」的對手時，也就能夠輕鬆應對，在賽局中始終
立於不敗之地。

4. 對不同的人用不同的說服方式

　　在我們這個社會中，不同圈子、不同領域的人們，都各有一套說話的習慣。研究賽局心理學的人，對這方面的知識更是相當重視。我們想要在心理上和別人建立更深入的關係，最好能善於掌握對方的語言習慣。與不同類型的人交談，採用的說話方式和內容也應該因人而異。賽局心理學高手們往往能夠根據不同的情況、不同的地點、不同的人物，變換自己說話的語氣和方式，通俗地說就是「見什麼人說什麼話」。

　　有一位中學老師接管了一個「放牛班」的導師工作，正好學校舉辦了一個操場維護整潔活動。這個班的學生躲在陰涼處誰也不肯打掃，任憑其他老師怎麼勸說都沒用。後來這個老師想到一個以退為進的辦法，他問學生們：「我知道你們並不是懶惰，而是怕熱吧？」學生們誰也不願說自己懶惰，便七嘴八舌說，確實是因為天氣太熱了。老師說：「既然是這樣，我們就等太陽下山再打掃，現在我們可以痛痛快快地玩一玩。」聽老師這麼一說，懶洋洋的學生們一下子來了精神，老師為了使氣氛更熱烈一些，還買了許多雪糕讓大

家解暑。就這樣,在說說笑笑的玩樂中,學生們欣然接受了老師的建議,不等太陽落山就開始愉快地打掃了。

我們要說服他人,同樣需要針對他人的性格特點,採用不同的說服方式,不能同一而論。不同的生活背景和文化背景的人會有不同的思維定式,對於熟識的人來說,相互理解、互相勸說並不難,但對於不太熟悉的人來說,就難免有些無從下手了。所以,在說服對方之前一定要先了解對方,這樣才能達到有效的溝通。

社會上有這麼一種人,他們一方面只堅信自己,不相信別人比他更聰明、更正確;另一方面又非常缺乏自信,生怕自己的理由被別人駁倒,生怕自己的信心被別人動搖,因而不敢說出真正的理由。他們的心裡有一種很妙的想法:「我不講出來,你就駁不倒。」當然,他們對自己也並不十分坦白,他們會想出種種很漂亮的理由支持自己這樣做,但無論他怎樣說,無論他怎樣想,骨子裡面就是固執地認為:不說出理由是最安全的。

這種人確實很難說服。說服這種人要有真誠的態度,足夠的機智,並且要去了解他的思想及內心世界。這就要靠我們平時對別人的生活多留心,熟悉各種人的思想與行為的規律,能夠深入地分析別人的內心活動。當我們猜中別人心理的時候,別人可能臉紅了,可能感到非常狼狽,甚至會惱羞

成怒，把錯誤堅持到底。這種情形當然並非我們所願意看到的。但是我們必須了解：當一個人內心堅固的堡壘被人摧毀時，可能是非常震撼和痛苦的。這時，我們需要設法減輕他們的痛苦，或是使他們不覺得痛苦，反而覺得快樂。這就需要我們有一顆至誠的心，真正能夠為別人著想，不但能夠指出他們的錯誤，而且還能為他們指出光明的前途。

還有一種人更難說服，這種人對他心中的真正的理由，不是不肯說，也不是不敢說，而是不知道。對別人的說服工作，如果你用的方法及言語很正確，對方仍然表現出茫然不解，或不以為然時，我們就要動腦筋了。面對這類迷茫的人，我們要靈活運用賽局心理學知識，審時度勢，幫助對方撥開迷霧，看清楚內心真實所想，然後才能開展進一步的引導和說服。

在生活中需要我們說服的對像有很多，他可能是你的父母、你的上司、你的顧客、你的朋友、你應徵工作的面試官……我們隨時可能遇到要說服別人的情況，如果不掌握技巧，說服就難以達到理想效果。為此，賽局心理學專家總結了以下六種說服技巧供大家參考。

技巧一：調節氣氛，以退為進

在說服時，你首先應該想方設法調節談話的氣氛。如果你和顏悅色地用提問的方式代替命令，並給人以維護自尊和

榮譽的機會，氣氛就是友好而和諧的，說服也就容易成功；反之，在說服時不尊重他人，拿出一副盛氣凌人的架勢，那麼說服多半是要失敗的。畢竟人都是有自尊心的，就連三歲孩童也有他們的自尊心，誰都不希望自己被他人不費力地說服而受其支配。

技巧二：爭取同情，以弱克剛

渴望同情是人的天性，如果你想說服比較強大的對手時，不妨採用爭取同情的技巧，讓對方從心理上覺得「不忍心」不聽從你的勸說，從而以弱克剛，達到說服目的。

技巧三：善意威脅，以剛制剛

很多人都知道用適當威脅的方法可以增強說服力，合理運用善意的威脅可以使對方心理上產生恐懼感，「不得不」聽從你的意見，從而達到說服目的的技巧。但在具體運用時要注意：態度要盡量友善，道理要清晰明確，威脅程度不能過分，否則反會弄巧成拙。

技巧四：消除防範，以情感化

談話中要大打感情牌，動之以情，曉之以理，逐步感化，讓對方放下防備，並且會覺得如果不接受你的意見，會很過意不去。

技巧五：投其所好，以心換心

站在他人的立場上分析問題，能給他人一種為他著想的感覺，這種投其所好的技巧常常能收穫很好的效果。要做到這一點，「知己知彼」十分重要，唯先知彼，而後方能從對方立場上考慮問題，尋求對方心理上的認同與肯定。

技巧六：尋求一致，以短補長

習慣於頑固拒絕他人說服的人，經常處於「不」的心理狀態之中，所以自然而然地會呈現僵硬的表情和姿勢。對於這種人，如果一開始就提出問題，絕不能打破他「習慣否定」的心理。所以，你得努力尋找與對方一致的地方，先讓對方贊同你遠離主題的意見，從而使之對你的話感興趣，而後再想辦法將你的主意引入話題，在對方毫無防備的情況下，取得這場心理賽局攻堅戰的勝利。

總之，言之出口，如人之遠行，前路漫漫，風雨難料。如果在心理賽局的過程中，我們發現某條路線或者某個話題進行不下去了，要靈活機變，另闢蹊徑。

事實上，有些比較困難的說服工作，絕不是一次或幾次的談話就可以收到效果的，有時候需要很久的時間，有時候還需用事實、用行動去做我們言語的後盾，用賽局心理學的技巧去攻堅克難，只要我們有必勝的信念，那麼最終的勝利一定會屬於我們。

5. 側面引導，讓人心服口服

　　同樣去表述一種事物，我們往往有千百種表達的方式和方法。同樣意思的話，我們也有千百種的說法。所以說，我們要隨時反省自己 —— 這樣的說法，對方能夠接受嗎？是講得太深奧了，還是講得太膚淺了？我們的話是太武斷了，還是太含蓄了？我們所用的詞彙是太文雅了，還是太粗俗了？有時，我們可能因為用錯一個字，無端地引起對方的反感。

　　有個開計程車的女司機把一男青年送到指定地點時，對方掏出尖刀逼她把錢都交出來，她裝作害怕的樣子交給歹徒1,000 塊錢說：「今天只賺了這些，如果嫌少就把零錢也給你吧。」說完又拿出幾枚 50 元、10 元、5 元和 1 元。見女司機如此爽快，歹徒感覺有些不可思議。女司機趁他愣神之際，又說：「你家住哪？我送你回家吧。這麼晚了，家人該等急了。」見女司機是個女子又不反抗，歹徒便把刀收了起來，讓女司機把他送到火車站去。見氣氛緩和，女司機不失時機地啟發歹徒：「我家裡本來也非常拮据，我又沒什麼技術，後來就跟人家學開車，做起這一行來。雖然錢賺不多，可是日子過得也不錯。何況自食其力，誰還能嘲笑我呢！」

　　見歹徒沉默不語，女司機繼續說：「唉，男子漢四肢健全，不愁找不到工作，走上這條路一輩子就毀了。」火車站到了，見歹徒要下車，女司機又說：「我的錢就算幫助你的，用它做點正事，以後別再做這種見不得人的事了。」一直不說話的歹徒聽罷突然哭了，把 1,000 多元往女司機手裡一塞說：「大姐，我以後餓死也不幹這種事了。」

　　在這個事例中，女司機無疑是個心理學高手，她先是運用了側面引導的方式消除了歹徒的防範心理，然後逐步引導，喚醒了歹徒的良知，最終達到了說服的目的，在這場驚心動魄的心理賽局中大獲全勝。運用側面引導的說服技巧，從理論上講，符合心理學的基本規律，從實踐中看，只要運用得恰當巧妙，就能取得理想的說服效果。

　　麗婭輟學後在一家餐廳當服務員，工作中她撿到一部顧客遺失在店內的 iPhone，早就渴望有一部 iPhone 的她想悄悄據為己有。領班發現後，要求她把撿到的手機上交，可是麗婭說：「手機是我撿到的，又不是偷的，更不是搶的，不上交也不犯法。」

　　領班說：「麗婭，妳知道什麼叫『侵占遺失物』嗎？」

　　「不知道！」麗婭嘟著嘴回答。

　　領班說：「『侵占遺失物』就是意圖非法持有他人的遺失物。」

「我可不懂那麼多。」麗婭有點不耐煩了。

領班耐心地問：「妳說，搶別人的東西是不是犯罪？」

「是的。」

「妳說，偷別人的東西是不是犯罪？」

「當然是的。」

「那麼，撿到別人的東西據為己有是不是也是犯罪呢？」

「這、這……當然……」麗婭語塞。

領班順勢教育道：「撿到別人的東西據為己有和偷、搶得來的東西，在『犯罪』這一點上是相通的；除了法律，我們還應有一定的社會公德，再說店裡也有工作守則，撿到顧客遺失的物品要交還，妳小小年紀，可不能走歪路啊！想要iPhone，就要靠自己的能力賺錢買，那樣用得才理直氣壯！」在領班的勸說下，麗婭幡然悔悟，欣然把手機上交了。

在這裡，領班沒有振振有詞地和麗婭理論，而是有意和她弄清楚一個看似與論題無關的「犯罪」的定義，再由大及小，從面到點，步步推進，最後才切入實質性問題：撿到東西據為己有，和偷、搶一樣是「犯罪」。最後又回到麗婭想把手機據為己有的想法上，說服她想要手機就要靠自己的能力去買，而不是占有別人的。

說服別人，不要直接從關鍵點出發，因為那個點恰恰是你們衝突的焦點。如果你直接要求對方不能怎麼樣，很容易

引起對方的反向心理，不僅讓對方難以接受你的觀點，還會
和你對抗到底。最好的方法是從側面引導，先避開關鍵話
題，再一步步地回到你想要說服別人的關鍵點上，只要有理
有據、合情合理，對方最終會接受你的建議。

生活中每個人都要做出很多決定，由於各人對問題的認
知、擁有的經驗、看問題的角度不同，可能別人要做的決定
與我們的想法不同，這時候適當地勸說會讓當事人做出更明
智的決定，但要注意，勸說的時機是非常重要的。

首先，勸人應當在當事人還沒有打定主意時進行。當事
人在做出決定之前，會把各方面因素放在一起考慮、判斷，
這時勸說人的意見會比較容易被納入他的參考因素裡面，從
而會對決定的結果造成影響作用。但如果當事人已經做出最
終的選擇，這時候再去勸說，往往他會因礙於面子或者因有
了傾向的暗示，不會採納勸說人的建議。

其次，可以在他人猶豫不決時勸說。當一個人剛剛做出
決定，開始實施的時候，即便看出這個決定行不通，但當
事人正雄心勃勃，他人的意見很難被接受，這時可以耐心
等待，等到執行的過程中出現了問題，當事人的信心開始動
搖的時候，勸說人再拿出建議，這樣被採納的機會就更大
一些。

最後，在他人情緒激動的時候，勸人很難取得應有的效果。這時當事人的思想完全被情緒控制，任何勸說都不會動搖他的信念，這時說出和他意見相左的話，只會讓他的偏執更極端。面對這樣的情況，只有想辦法讓他先冷靜下來，才能聽進去你的建議，並採納你的建議。

在說服別人的過程中，我們必須不斷地深入了解自己的問題，並且豐富自己對人對事的認識，否則，如果我們只是單調地重複我們已經說過的話，那麼除了令人討厭之外，恐怕達不到什麼說服的效果。

因此，當我們要說服別人的時候，每一次見面，每一次談話，必須添一點新的資料，多一點新的理由，加一點新的力量。當我們在推進的過程中遇到困難險阻，強攻收效甚微的時候，我們不妨靈活運用賽局心理學的理論，避其鋒芒，從側面發起進攻，瓦解對方的思維堡壘，取得心理賽局的勝利。

6. 藉助組織行為學，讓你的觀點更具說服力

在日常生活中，人們常常遇到這樣一種情景：你在與別人討論某個問題，自己的觀點分明是正確的，但就是不能說服對方，有時還會被對方「駁」得啞口無言。這是什麼原因呢？賽局心理學家羅德里格斯（Romeo Rodriguez Jr.）認為，要爭取別人讚同自己的觀點，光是觀點正確還不夠，還要藉助一些賽局心理學的方法和手段，必要的時候可以藉助組織行為學闡述自己的觀點。

美國亞特蘭大的廣播中曾一度充斥著保健藥品的虛假廣告，特別是那些所謂的性學專家 —— 表面上看，他們是替人治病，但實際上卻常常使用「如不治療你將失去性能力」一類充滿威脅的話來欺騙那些無辜的受害者，目的是推銷他們並不確保有效的藥品。更令人髮指的是，他們的治療方法也非常低劣，許多不幸的男士甚至因此遭受身心的雙重摧殘。但因為當時的法律不健全，他們極少被定罪判刑 —— 只要繳些罰款，利用一些關係，他們就能逍遙法外。這種情況終於引起了亞特蘭大民眾的憤慨，傳教士、商界人士、青年社團、婦女團隊一致公開地指責這些無良「醫生」，試圖將這

些無恥的廣告從廣播中趕出去。然而，在政治勢力與利益集團的負隅抵抗下，這些努力最終歸於徒勞。

終於，有一位醫生打破了這個尷尬的局面，他寫了一封信給亞特蘭大廣播電臺的總編輯，信中說道：

「我一直是貴電臺的忠實聽眾，因為你們的廣播中從來不宣傳駭人聽聞的消息，而對一些時事的評論又新穎獨到，貴臺無疑是這個地區最出色的廣播電臺，甚至從整個美國來看，我們都無法找到能與它媲美的廣播電臺。

然而，一天晚上，我與女兒一同坐在收音機前，貴臺的廣播中卻傳來男性壯陽藥的宣傳廣告，而且裡面含有很多有關性行為的隱私話題，女兒詢問我廣播中說的是什麼意思……

老實說，我覺得非常尷尬，就算我是醫生，我也不知道應該如何回答。您的廣播在亞特蘭大絕大多數家庭中是必備品，這種情景發生在我的家中，也必然會發生在別人的家中。如果您有女兒，您願意讓她聽到赤裸裸的有關性的廣播嗎？如果她聽到了，還要您解釋，您要怎麼回答？

真是遺憾，像貴臺如此優秀的廣播節目裡卻占用大段時間播放這種廣告，使父母不敢讓女兒收聽，或許，其他成千上萬的聽眾與我一樣也抱有同樣的想法吧！」

　　兩天後，廣播電臺的總編輯寄了一封回信給這位醫生：

　　「親愛的先生，接到您的來函甚為感激。您的正言明論促使我痛下決心，從下週一開始，本人將督促電臺摒棄一切不合理的廣告，雖一時不可完全剔除，但我們也將盡力審慎編撰，不讓它們給聽眾造成任何不快。再度致謝並盼望繼續不吝指正。」

　　整治不良廣告，其實對公眾、對社會都有莫大的幫助，但在一開始大家的指責和聲討並沒有取得效果，而這位醫生並未強硬地要求什麼，只是利用有效的組織行為，使自己的合理意見變得更容易被接受。

　　其實，將一個好的建議轉變成有效的組織行為並不難，賽局心理學家羅德里格斯推薦我們採用以下幾個方法：

方法一：運用社會規範創造共識

　　當你要說服他人接受你的觀點，或者同意你在某次交易中所持有的立場，利用社會規範來營造共識，並讓對方看到這是一項頗為有利的工具。你可以先試著找出整個社會都認可的共識性觀念，然後想一下用哪些方式呈現資訊可以打動對方，以他人為榜樣來採取行動。

　　人們都害怕與社會脫節，會不自覺地「隨大流」，仿效多數人的做法。想讓對方相信你的話，不如藉助這種「團隊

力量」，比如暗示對方「現在流行這樣」，或者「前兩天剛跟人試過這種方法」等。比如：自從在納稅申報單中附加上「十個美國人中有九個按時繳稅」這樣的標語以後，申報率有明顯上升。

方法二：互惠策略

當你對著別人微笑時，別人通常也會用微笑回報。同樣的道理，別人說話時點頭鼓勵、用肯定的目光看著他，當輪到你發言時，他也更容易肯定和相信你所說的話。

互惠策略的出發點在於，當人們感覺到虧欠別人且不好意思的時候，會大幅度提高做出反應的可能性。比如：如果服務生為顧客送上帳單的同時，奉送上一條可去除口氣的口香糖，那麼顧客提升小費額度、支付小費的可能性會大大提升。

方法三：說出對方的潛在損失

向對方指明，如果他選擇某種選項，會給他帶來潛在的損失，就會讓他產生一種緊迫感。在一項研究中，員工向主管提出一項技術專案，當員工向主管說明，若不實施該專案，有可能使公司產生多達 200 萬元的損失時，相較於說明該項專案預計會帶來 200 萬元的收益，前者接受建議的主管人數增加了一倍。這種對機會成本進行描述的方法，往往會比簡單地描述收益更有說服力。

方法四：表達共同點

在說服的過程中，如果可以找到自己與對方的共同點，成功的機率也將提高一倍，這種共同點是雙方深入了解彼此、形成統一戰線的關鍵。

方法五：發揮名人效應

多數人願意聽從專家或權威人士的意見，在說服別人時，不如利用一下「名人效應」，告訴對方「這是某某專家的建議」或「某位名人也喜歡這樣做」，也許能收到事半功倍的效果。當然，把自己的專長充分展現出來，也能造成作用。

方法六：留下「證據」

只要承諾了，人們通常都會努力兌現。因此，談好事情後讓對方給出承諾，比如記在備忘錄上、找個見證人等。下次遇到類似事情，就可以提醒他「您上次不是拍著胸脯保證過了嗎」，讓對方心服口服。

這些全新的、基於組織行為學總結出來的賽局技巧，遠比一般的說服方式更有效。以這些技巧來武裝自己，不僅可以在心理賽局中穩操勝券，而且可以使你更輕易地獲得他人的認可與支持，並使他人更樂於付諸行動來幫助你把「好主意」變成現實，進而影響到更多的人，共同積極地參與到整個行動中，最終形成良性循環，你的意志也就變成了所有人的共同意志 —— 人心齊，泰山移。

第七章

找共同之處，力求合作雙贏

合作的收益要大於單獨行動的收益，但只有對收益進行公平分配時合作才有可能達成。合作中每個人的目的都是使自己的利益最大化，那麼如何在合作中獲取更多的利益，則是賽局心理學所要解決的問題。

1. 利益鏈的兩端一榮俱榮，一損俱損

中國有句成語叫「牆倒眾人推」，是說一個人在受挫折的時候，大家乘機打擊他。我們素來視雪中送炭為高尚的品行，而對牆倒眾人推的行為表示鄙夷，但現實中，發生的更多的卻是類似牆倒眾人推的事件。這是為什麼呢？或者下面的賽局模型能夠說明這個問題。

假設一家銀行的全部資金是 A 與 B 兩個儲戶的存款。這兩個儲戶每人存了 100 萬元的定期存款，而銀行把這 200 萬元貸給某個公司做專案。按照銀行的設想，專案完成投資收回以後，銀行將還每個儲戶 120 萬元。對於兩個儲戶而言，20 萬元的利息的確也是一個不小的誘惑。

但是我們知道，在銀行存款的一個原則是「存款自願，取款自由」，也就是說，哪怕是定期存款，儲戶也有隨時支取的自由，只不過是利息上受些損失而已。至於銀行和它投資的公司的關係，本來，如果公司破產，銀行到期也不能收回全部投資，但是為了簡化問題，我們假設這家公司經營狀況良好。如果銀行在投資期限未到的時候要從公司抽回資金，它就要因為違反合約而遭受損失。

　　因為銀行除了這兩個儲戶的存款沒有其他資金，而且這兩個儲戶的存款還被貸給了公司。如果儲戶 A 在期限未到的時候要把在銀行的存款取回去，也就意味著銀行就不得不把它投資在公司的資金抽回。銀行因為提前撤回資金要受罰，只能收回 150 萬。這時，兩個儲戶是否等待期滿以後才取回存款的賽局如下：

　　如果雙方同時提前支取存款，因為銀行只有 150 萬可供支付，每人可得 75 萬；雙方期滿才支取存款，每人可得 120 萬；如果只有一方提前支取，那麼他得到原來的存額 100 萬，而銀行因為被迫提前抽回投資，可動用資金只有 150 萬，當另一儲戶在期滿時來支取他的存款時，銀行就要破產，他頂多只能得到 50 萬的補償，遠遠小於原來的存款額 100 萬元。

　　明白了這樣的賽局形勢，我們可以看出這個賽局有兩個奈許均衡，一個是最好的，即雙方都待期滿才來兌現他們的存款，每人得 120 萬；另一個均衡就是雙方爭先恐後都要同時提前抽回他們的存款，每人得 75 萬元。問題是，如果一個儲戶有提前取款的動向，另一個為了自己的利益不受損失，一定會馬上跟進，要求同時提前兌現，銀行的擠兌就這樣發生了。

　　當然，在現實中銀行不可能只有兩個儲戶。我們可以假設銀行有兩萬個儲戶，分析方法與前面還是一樣的。事實

上，絕大多數銀行擠兌都發生在傳聞銀行經營不好、有可能破產的時候，一旦破產，儲戶的存款就可能遭受嚴重損失。

不光是銀行，公司經營也面臨同樣的問題。一家公司能夠得以正常經營，現金流是最重要的，一旦公司現金流斷裂，出現資金無力為繼，無論實力多雄厚的公司都難以支撐下去。所以公司最怕的就是所有債權人同時發難。但對於債權人來說，一家公司如果一旦進入破產清算程序，自己的債權就要大打折扣，如果要得早了，本來的 100 萬可能全部要回或者要回 80 萬，可是如果要得晚了，100 萬頂多要回 50 萬，甚至打了水漂。

分析上面的賽局事例，我們會發現這頗有些「牆倒眾人推」的意思在裡面，只不過在這個賽局中，所有的人之所以要推那堵要倒的牆，是因為有個人利益在裡面，誰推得晚了，誰將承擔更多的損失。但是如果我們能夠轉換思路，在牆有倒下的危險時眾人不是推它而是紛紛伸手扶一把，將其加固，可能這堵牆還能繼續為每個人遮風擋雨。

在全球化競爭的時代，存在競爭關係的雙方也會有千絲萬縷的連繫，共生雙贏才是重要的生存策略。在賽局中，應當力求與對手雙贏，把社會競爭變成一場雙方都得益的「正和賽局」。

2. 競爭的最好結果也不如合作雙贏

　　林肯當選總統之後，一個議員批評他對敵人太好了：「您怎麼敵友不分呢，對待敵人比對待朋友還好！」他覺得林肯不應該試圖跟敵人做朋友。「是敵人，我們就該消滅他！」聽了這位官員的話，林肯說了一句：「沒錯，我正在消滅他們哪！當敵人變成我的朋友時，我的敵人自然就沒了，難道我不是在消滅我的敵人嗎？朋友一千個不算多，敵人有一個都不算少啊。」

　　林肯對敵人的態度是將敵人變成朋友，這種方式不僅「消滅」了敵人，還壯大了自己，正是一種合作雙贏之道。在當今這樣的社會環境下，你死我活、兩敗俱傷的競爭早已不被提倡，與之相反，化敵為友、通力合作才是值得稱道的處世方式。

　　競爭不如合作，只有給他人機會，自己才能取得更大的機會，也才會取得長期的共存雙贏。在商戰中，要「雙贏」還是分出勝負，這是很多企業都會面臨的抉擇。可惜的是，大多數企業看到的只是自己的利益，卻沒有意識到這一點：

他們在某一方面取得了勝利，但是在另一方面則極有可能會付出同等的代價。目光短淺的決策者只想著不斷地索取眼前利益，而不願意去為長久的發展與談判對手長期合作而談判，所以這種賽局的結果往往是不是你輸就是我輸，最終也只會是「零和」。

「雙贏」則是指一種互相妥協與合作的理念，談判者不僅看到了眼前利益，還看到了長遠利益，不僅看到了自己的利益，還充分考慮到了他人的利益。這樣的談判者在談判時，就會綜合考慮，本著利己也利人的原則去溝通，最終達成「雙贏」的局面。將對手變成自己的朋友，勢必會壯大自己的力量，使自己走向成功之路。

二戰結束後，日本企業競爭力迅速下降。為了改善這一局面，1950 年代，日本經濟界開始流行起了大企業之間合併、合作與產業再組織論。在當時，日本前首相佐藤榮作向企業發出號召時稱：「我們的國家已經進入了最危險的時刻，經濟的全面崩潰是否能夠挽救，就在於各位是否願意發揮各自優勢、幫助同行業的人了！」為了改變國際競爭力弱的現象，日本政府與各大經濟聯合體結合起來，做了大量的工作。

從 1953 年開始，政府開始允許大壟斷企業之間進行相應的支持，並解除了現金流、人事互派、現金支股等方面的

限制，使日本現代大企業的形成與發展進程得到了極大的促進，並出現了以三井、三菱、住友、芙蓉、三和、第一勸銀為代表的「六大企業集團」，和以日立、豐田、新日鐵等為代表的「獨立系企業集團」。

這些集團雖然在經營決策方面保持著自己的獨立性，但是卻有一個名為「總經理會議」的直接紐帶來連接各個成員企業。這個會議定期召開，成員企業的總經理會在會議上交換資訊、加深情感。同時，這一會議也是各個公司的領導者統一決策、協調財團策略發展、應對外來競爭的「總樞紐」。

正是靠這種會議與相互持股為基礎的聯合體，各大財團的向心力也開始不斷增強，企業間的合作、資源整合也在這種交流與合作過程得到了加強。這種表面看起來鬆散的日本財團，相互間擁有著緊密的連繫，他們會在對方出現危機時，果斷伸手相助。挽救東芝於危難之中、素有「重建之王」稱號的東芝前任社長土光敏夫曾經便是三井財團旗下的集團社長。

綜合商社是財團的另一核心組織，這一組織不僅是財團獲得情報的重要機構，同時也是拓展海外市場的最大先鋒，它對整個財團資源擁有巨大的協調能力。當日本企業進入某個陌生的地區與國家時，他們會在第一時間找到本財團綜合商社在當地的分支機構，以尋求對方的協助。為了發展與壯

大自己的綜合商社,各個財團都會竭盡所能,提供各式各樣的支持。

可以說,日本企業之所以能夠在二戰後迅速崛起,在很大程度上就是依靠財團所提供的各種資訊與資源支援。

傳統競爭模式中,企業間的競爭往往以對抗為中心,以至於過分關注對手的舉動,並將大部分注意力集中在思考應對策略上,這種競爭模式使企業忽略了自身策略目標的詳細制定,限制了自我創造力的發揮,導致零和局面不斷出現。但事實上,競爭永遠存在,過分敵視競爭對手只會讓企業忽略同行業聯手有可能帶來的巨大利益。日本財團的策略聯盟使日本的經濟迅速騰飛,這一事實證明了一點:同行業之間互為共生的雙贏關係的確存在。這使策略聯盟的實施與發展得到了越來越多商界智者的支持與認同。

隨著世界經濟一體化的形成,企業經營逐漸全球化,世界貿易自由化趨勢越來越強。在巨大的競爭壓力與爭奪全球市場的強烈動機下,企業只有採取聯盟競爭的策略,透過各種不同形式的合作,才能創造出更強的競爭優勢。

3. 資源的優化分配要靠合作來實現

　　大一新生蘭博有一臺嶄新的平板電腦但身無分文，只要有人肯出 480 美元他就願意賣掉平板電腦。而馬丁有 600 美元，他想買一臺平板電腦，並且願意為此付出手中的 600 美元。兩個人的選擇都是成交或不成交。假設電腦的實際價值是 570 美元（但兩人都不知道這一事實），兩人願意做交易，最後確定的成交價格是 530 美元。那麼我們通常會說，在這場交易裡面存在不公平的因素，蘭博吃了虧，因為他把本來值 570 美元的電腦少賣了 40 美元，而馬丁占了便宜，因為他只花費了 530 美元就買了價值 570 美元的電腦。

　　實際上是這樣的嗎？讓我們以賽局論的分析方法來看看蘭博、馬丁雙方在這場賽局中各自的收益：

　　蘭博以 530 美元的價格賣掉他本以為值 480 美元的電腦，在他看來自己的收益多了 50 美元；馬丁花 530 美元得到他認為價值是 600 美元的電腦，收益比預期也多了 70 美元。如果雙方不進行交易，也就是蘭博手裡還有一臺他認為價值 480 美元的電腦，而馬丁手裡還是他那 600 美元，雙方的預期收益都沒有增加。

我們觀察這場賽局可以發現，如果選擇交易，對雙方而言可以獲得更大價值的收益。也就是說，電腦從低估價的人手裡轉到高估價的人手裡，透過帶有合作性質的交易行為，雙方的收益都增加了。

想要知道為什麼合作能夠帶來收益，以及它比公平更能實現利益最大化的原理，我們就需要了解一下賽局學中所說的獵鹿賽局。

獵鹿賽局的模型出自法國資產階級啟蒙思想家盧梭在其著作《論人類不平等的起源和基礎》（*Discours sur l'origine et les fondements de l'inégalité parmi les hommes*）中描述的一個故事：

古代的一個村莊有兩個獵人。當地主要的獵物只有鹿和兔子。當時，人類的狩獵手段落後，弓箭的威力也有限。而鹿體型大，眼力好、奔跑迅速、生命力強，還有一對有力的角，兩個獵人只有相互配合才能獵獲一隻鹿。如果一個獵人單兵作戰，一天最多只能打到 4 隻兔子。

從填飽肚子的角度來說，4 隻兔子能保證一個人 4 天不挨餓，而 1 隻鹿卻差不多能使兩個人吃上 10 天。這樣，兩個人的行為決策就可以寫成以下的賽局形式：要麼分別打兔子，每人得 4；要麼合作，每人得 10。這樣獵鹿賽局有兩個

奈許均衡點,那就是:要麼分別打兔子,每人吃飽 4 天;要麼合作,每人吃飽 10 天。

這個故事後來被賽局論的學者稱為「獵鹿賽局」,它是賽局論中的一個著名的理論模型。透過對比單獨行動與合作獵鹿的結果我們可以發現,「獵鹿賽局」明顯的事實是兩人一起去獵鹿的好處比各自打兔子的好處要大得多。用一個經濟學術語來說,兩人一起去獵鹿比各自去打兔更符合帕雷托最適原則。

帕雷托(Vilfredo Pareto)是義大利的經濟學家,他最偉人的成就是提出了「帕雷托最適」(Pareto optimality)這個理念。在經濟學中,帕雷托最適的準則是:經濟的效率展現於分配社會資源以改善人們的境況,主要看資源是否已經被充分利用。如果資源已經被充分利用,要想再改善,我就必須損害你或別人的利益,而你就必須損害另外某個人的利益。如果用一句話簡單地概括就是:要想再改善任何人,都必須損害別的人,這時候就說一個經濟已經實現了帕雷托效率(Pareto efficiency)。相反,如果還可以在不損害別人的情況下改善任何人,就認為經濟資源尚未充分利用,就不能說已經達到帕雷托效率。效率是指資源分配已達到這樣一種境地,即任何重新改變資源分配的方式,都不可能使一部分人在沒有其他人受損的情況下受益。

在獵鹿賽局中，比較（10，10）和（4，4）兩個奈許均衡，明顯的事實是，兩人一起去獵鹿比各自去抓兔子可以讓每個人多吃 6 天，我們說二人的境況得到了帕雷托改善（Pareto improvement）。

獵鹿賽局帶給我們這樣的啟示：雙贏的可能性是存在的，而且人們可以透過合作達成這一局面，合作是利益最大化的武器。如果對方的行動有可能使自己受到損失，應在保證基本收益的前提下盡量降低風險，與對方合作，從而得到最大化的收益。

推行適度的合作，可以使整體績效進一步提高，但是這樣的合作成功的關鍵是要有的放矢，善用資源，換句話說，不要為了合作而合作，而是為了提升績效而進行合作。我們處於一個講究雙贏、多贏的時代裡，一個孤軍奮戰的英雄往往難以成就大業，只有透過合作才能獲得傑出的成就。

4. 只有互利的合作才有意義

　　前面我們講過帕雷托效率的概念：如果資源已經被充分利用，要想再改善某些人的處境就必須損害其他人的利益了，就說這個社會已實現了帕雷托效率，或者說已經達到了帕雷托最適。賽局論說明，非合作賽局的結局常常不是帕雷托最適。

　　比如做好事該不該要報償？在我們印象裡，傳統文化是恥於談錢的，一個行善的人，就是品德高尚的人，這樣的人就應該是重義輕利的。

　　但經濟學家不這樣看，他們認為：做好事就是促進人類福利的行為，這種行為不但應該鼓勵，而且必須鼓勵。只有這樣，才會不斷促進社會福利的提高。如何鼓勵呢？給予補償是最有效的。

　　這聽起來讓人不太舒服，其實，「道德宗師」孔子在兩千多年前就提出過這樣一個思想。

　　春秋時期，魯國有這樣一條法律：如果魯國人在其他國家中遇見淪為奴隸的魯國人，可以墊錢把這個奴隸贖回來，

回國後再到國庫去報銷。孔子的弟子子貢曾花錢贖回過已經淪為奴隸的魯國人，但事後並不到國庫去報帳，以顯示自己追求仁義的決心與真誠。

孔子知道此事後，對子貢說：「我知道你追求高尚，也不缺這幾個錢，可是這個補償你一定要去領。因為你自己掏錢救人，會受到社會的讚揚，但今後，當別人在別的國家再遇見淪為奴隸的魯國人時，他就會想墊不墊錢去贖人？如果墊錢贖了人，回國後報不報帳？不去報帳，豈不是白白損失了一筆錢？如果去報帳，在道德上豈不是會遭到非議？於是他就會裝作沒看見一樣，這樣一來，你的高尚行為豈不阻礙了對至今仍淪為奴隸的魯國人的解救？」

又有一次，孔子的弟子子路救了一個落水的人，事後那人送了子路一頭牛表示感激之情，子路坦然接受了。孔子聽到後面有喜色，說：「以後魯國會有越來越多的人搭救溺水者了。」

子貢贖人卻不受金，而子路救人卻受牛，看起來是子貢的品德更高，但孔子不這樣認為。因為人們如果以後要救人的話，就會想：既然子貢那樣的賢人贖了人都不受金，我應該向他學習，贖人也不受金。而如果得不到相應的補償，那麼很多人就不會再去贖人了。也就是說，賢人在為人們做道德表率的同時，往往忘了相對於道德的名譽來說，實際的利

益更能吸引人。所以從長遠的角度考慮，子路救人而受牛的
做法更為可取。

　　事實上，如果做好事得不到報償，那麼它就只能是少數
人的「專利」，而不能成為社會公德。

　　合作的本質是進行價值交換，即幫助對方的同時，也從
對方那裡尋求幫助。所以說，合作存在、發展的基礎是彼此
擁有相互利用的價值。如果你無法給他人提供價值，或者你
認識的人無法為你提供價值，那麼，這種合作的價值便很
低，也很難持續下去。

　　心理學家認為，人的行為都是受欲望支配和驅動的，社
交行為也是如此。平白無故的交際關係非常罕見，要麼是因
為情感的需求，要麼就是利益的驅使。互利是雙方合作的主
導因素，因此，我們要掌握好合作的分寸，學會控制利益，
只要控制得當，對於合作會有很大的促進作用。

5. 公平是合作繼續下去的保證

對於獵鹿模型的討論，我們的思路實際只停留在考慮整體效率最高這個角度，但卻忽略了效率與公平的衝突問題。如果仔細考察，我們會發現該案例中有一個隱含的假設，就是兩個獵人的能力和貢獻相當，雙方均分獵物，可是實際上顯然存在更多不同的情況。比如說一個獵人的能力強、貢獻大，他就會要求得到較大的一份。但有一點是肯定的，能力較差的獵人的所得，至少要多於他獨自打獵的收穫，否則他寧可單獨行動。

我們不妨做這樣一種假設，獵人 A 比獵人 B 狩獵的能力水準要略高一些，或者獵人 A 的爸爸是酋長，擁有分配鹿肉的話語權。如果這樣的話，獵人 A 與獵人 B 合作獵鹿之後的分配就很可能不是兩人平分成果，而是處於優勢地位的獵人 A 分到更多的鹿肉（比如可供吃 17 天的），而處於劣勢地位的獵人 B 分得相對少的鹿肉（比如只夠吃 3 天的）。在這種情況下，整體效率雖然提高了，但卻不是帕雷托改善，因為整體的改善反而傷害到獵人 B 的利益。畢竟如果不與獵人 A 合作，獵人 B 單獨狩獵捕獲的野兔可供 4 天之需，所以在這

種情況下他不會選擇與獵人 A 合作。

　　生活中不乏這樣的例子。比如湯姆與迪克是好朋友，他們要合夥開設一家公司。開公司之前湯姆與迪克都是雇員，假設其年薪都是 4 萬美元。而二人合夥在利潤分配上，約定湯姆拿 70%，迪克拿 30%，算下來湯姆每年可以分得 7 萬美元利潤，而迪克只能分得 3 萬美元利潤。這時相對於二人分別當雇員的收益（4 萬，4 萬），合夥開公司就不具有帕雷托優勢。因為雖然 7 ＋ 3 比 4 ＋ 4 大，二人的總體收益也改善了很多，但是由於迪克的所得 3 萬少於他當雇員的所得 4 萬，他的境遇不僅沒有改善，反而惡化；所以站在迪克的立場，（7，3）不如（4，4）好。如果合作結果是這樣，那麼，迪克一定不願意與湯姆合作。

　　這就涉及帕雷托改善與帕雷托效率的問題。在上一個例子中，如果湯姆、迪克兩個人透過合夥做生意，收入從以前的（4，4）變成了（5，5），我們說兩人的境遇得到了帕雷托改善。而如果兩人透過合夥做生意，收入從以前的（4，4）變成了（7，3），雖然總體收入有所提高，但是我們只能說這個合作展現了帕雷托效率，稱不上帕雷托改善。由此可見，帕雷托改善應是雙方都認可的改善，而不是犧牲一方利益的改善。

　　「帕雷托效率」與「帕雷托改善」具有很強的現實意

義，長期以來受到經濟學界的關注。以中國的經濟改革為例，人們一致認為是一種帕雷托改善的過程，因為雖然有一部分人先富了起來，但是總體上人們的收入增加了，相對於改革以前生活得到了很大的改善。也就是說，社會群體在改革中獲益，儘管社會上存在一些不滿情緒與不平衡心態，但人們對於改革的成果和必要性基本持肯定與讚揚的態度。

可是隨著改革開放的深入，似乎越來越多的人又開始懷念起「大鍋飯」的日子，其中就有帕雷托改善逐步被帕雷托效率取代的原因。因為「不患寡而患不均」，一旦在分配中忽視了公平，賽局中的弱勢族群會有不滿、牢騷、報怨、消極怠工，甚至會引發更大的矛盾。

我們反觀現實生活中，很多老闆自己消費出手絕對闊綽，但在發薪水給員工時卻是錙銖必較，甚至惡意拖欠薪水的事也時有發生。在這樣的企業下生存的員工，其發牢騷、報怨、偷懶、得過且過實在是再正常不過的事。因此，犧牲公平去追求效率，從長遠看無法形成一個穩定的均衡。

與人合作共事，就應按照你願意別人對你的方式來對別人，這樣才能達到雙贏的目的。建立一種默契的合作關係，離不開合作雙方的相互理解、支持。如果合作雙方因為想法不同，產生了矛盾，要最終達到雙贏的效果，就要做到公平，讓彼此心裡都能感到平衡。

6. 關注共同目標，避免談話走向衝突

　　達麗剛剛與一群手下結束了一場激烈的爭吵。其實，剛開始時，這只是一次非常普通的談話，是關於達麗提出的新的倒班方案，可是，到最後卻變成了令人討厭的爭吵。在經歷了長達一個多小時的斤斤計較與抱怨以後，她終於得以離開壓抑的會議室。

　　在經過走廊時，達麗回想著到底發生了什麼。一次普通的談話，在短短幾分鐘的時間裡，竟然變成了一場可怕的衝突，進而變成了一次失敗的溝通，而且她怎麼也想不起來是為什麼。她的確記得有那麼一會兒，她強硬地堅持著自己的觀點（或許是太強硬了），於是，其他 6 個人一起瞪著她，並齊聲發出抗議 —— 在一片憤怒與不滿中，達麗爆發了，在抱怨許久後，會議就這麼結束了。

　　達麗沒有想到的是，她的兩名下屬正在從走廊的另一邊走過來，而他們正在詳細地描述剛剛的會議 —— 他們顯然比達麗更清楚究竟發生了什麼事情：「這種事情又發生了，經理總是強硬地堅持她的個人計畫，於是，我們都開始唱反調。你有沒有注意到，有一刻我們的頭一起低了下去？當

然，我其實和經理一樣壞，我使用非常絕對的口氣，只提出支持我論點的事實，接著還提出了一大堆古怪的主張──誰讓她總是那麼自我的？」

那天稍晚些時候，達麗與自己的朋友談論起那次會議，朋友告訴她：「你總是犯這樣的錯誤，太過於關心眼前的計畫與主張，而忽視了當時的形勢，比如其他人的感受、表現的方式、他們的說話聲調一類的東西。」

此時，達麗才意識到，自己在衝突情境中總是只能專注於談話的內容──這本身就是一種缺陷。

遇到達麗類似的問題，聰明人總是同步處理，也就是說，當事情變得糟糕的時候，他們會一方面關注談話的內容，另一方面觀察人們在做什麼，同時，他們還會研究這是怎麼回事，以及為什麼事情會變成這樣。如果你能夠知道為什麼人們變得沮喪，或者為什麼他們保留了自己的觀點，甚至是沉默以對時，你就可以採取正確的措施，使談話回到正軌上來。

當你的情緒變得激動起來時，你的大腦中就會被感性而非理性所占據。你開始準備逃避，你的視野也會變得非常狹窄。事實上，當你感覺自己被威脅時，你幾乎無法看清自己的處境。同時，當你感覺到談話的結果會對你造成威脅時，你就很難看清自己的目標。只有將自己從談話的內容中擺脫出來，才可以使自己的大腦重新開始工作，使自己的視野變得開闊起來。

想要讓對話不再失控，你就必須要正視這樣的事實：只有擁有共同目標，談話才能再次恢復正常。

共同目標是指，雙方必須要了解到，我們的對話在朝著「得到同樣的結果」而努力的；我們關心他們的目標、利益與價值。相應地，我們相信他們也關心我們的目標、利益以及價值。因此，「共同目標」便成為對話的首要條件：找到一個共同目標，你就既找到了一個好的交談理由，又擁有了一個寬鬆的談話環境。

你要如何知道自己面對的安全問題是由於缺乏共同目標而造成的呢？這非常容易：當目的面臨危險時，溝通中就會出現爭論 —— 當他人開始將他們的資訊強行加入資料庫中時，通常是因為他們認為我們正在設法取勝，而他們也要這樣做。

目標受到威脅的信號除了爭論，還包括辯護、隱藏想法（惡意的沉默）、指責以及不斷地繞回到原來的話題上。以下是一些關鍵的問題，可以幫助你判斷共同目標是否受到了威脅：

○ 在這次溝通中，對方相信我是關心他的目標的嗎？
○ 他相信我的動機嗎？
○ 我從自己身上想得到什麼？
○ 我從對方身上想得到什麼？
○ 我從這段關係中想得到什麼？

如果在一場會談中，你的目的乍看之下只是為了使自己變得更好，你自然無法讓他人意識到，你們之間是存在有共同目標的。假如你有一位掌握了核心技術的下屬經常不守信用，直接告訴他這一點，無疑只會讓他反感，進而產生防衛甚至是報復心理，因為他知道，你的目標只是為了讓自己更好而已。

為了避免災難，你必須要找到一個可以引發對方興趣的共同目標，使他願意聽一聽你的感受。當你能夠讓自己事先了解他人的觀點時，你通常可以找到一種方法，使他們願意接受你的觀點。比如：下屬的行為使你常常無法將團隊專案按最後期限完成，或是他的行為使項目產生了額外的費用，以至於生產力降低，此時，你們便有了共同目標了。

如果你僅僅是想要透過權力或者職位來控制他人，甚至是一味地我行我素的話，這種目標很快便會不言自明，安全形勢就會被破壞，而對話會立刻歸於沉默或者語言暴力狀態。因此，在發現溝通走向失控以前，反思一下你的動機。記住「共同目標」中的「共同」一詞，為了使溝通成功，你必須要真正地關心他人的利益，而不是僅僅是你自己的。

7. 保持靈活敏感，讓溝通建立於雙贏

　　賽局學專家認為，假如一味地單方面地固執己見、完全不去考慮對方的立場，很可能會讓溝通變成憤怒的反抗。在這種情況下，若雙方再莽撞地採取強硬的手段，則對方的立場很可能會引發憤怒的反抗；或者，對立的情況不僅能夠化解，反而會向著惡化的方向發展。

　　要知道，不管是在何種組織中，都有這樣的情況出現。沒有哪項任務與工作是某人可以獨立完成、不需要他人協助的，即使乍看起來，個人彷彿可以獨立將某項工作完成，也必然會在某處與他人發生連繫。

　　A集團是一家擁有萬名員工的大公司，早在多年以前，A集團的管理層便已經意識到了溝通的重要性，同時在管理、客戶溝通中不斷地對此加以實踐。他們建立起了一套完整的溝通系統，這一系統不僅使員工、客戶的合理要求得到了滿足與傾聽，同時還使公司的勞動生產力獲得了極大的提升。

　　A集團公司每個月都會舉行員工協調大會，在大會上，管理人員與員工坐在一起，對一些彼此都關心的問題進行協調與

商議。這種會議是以標準的雙向意見溝通系統為基礎的。在開會之前，員工可將意見反映給與會員工代表，代表們會在會議上將意見轉達給管理部門，而管理部門也會立足於「最大程度上雙贏」的目標，針對問題進行合理而廣泛的討論。

這裡有一些關於員工協調大會的資料，可以看出此類大會的溝通技巧與溝通原則：

問：若在上任之後，新員工發現工作與個人本身的興趣不同，應該怎麼辦？

答：公司會盡全力對此員工進行二次安置，使其能找到發揮自我最大作用的職位。

問：在公司裡，只有那些連續工作了 8 年以上的老員工才有資格獲得 3 星期的長期休假，在這一問題上，管理層是否能夠將期限放寬，改為 5 年？

答：在員工福利方面，公司做出了非常大的努力，諸如員工保險、退休金福利與計畫、意見獎勵等。我們將會繼續秉承這樣的精神，對這一問題進行考慮，同時逐級呈報給上級，若批準的話，將會在整個公司中實行。

問：有時候，公司會要求員工在法定休息日加班，這種加班是否是強迫性的？若某位員工不願意參與這種加班，公司是否會對其進行懲罰？

答：除非國家對員工工作時間設立新規定，否則，假日

加班是自願行為。當然，在公司處於業務高峰期的情況下，若大家都樂於加班，而少數人不願意加班的話，管理層也會對原因進行仔細地了解，同時盡力加以解決。

每年，A 集團公司在總部都會舉行多達十餘次的員工大會，還會在各部門中舉行多達上百次的員工大會，而這一制度也獲得了良好的效果：在 1980 年代，全球經濟出現了大衰退，A 集團公司的生產力非但沒有下降，反而以每年平均 10% 以上的速度遞增。在公司中，員工缺勤率長期低於 3%，流動率低於 12%，屬於同行業最低水準。

不管是何種形式的合作，說穿了都如同刺蝟一般的生活：想要互相擁抱取暖，身上的刺便難免會使對方受到傷害，若是遠遠分開，又往往無法達到取暖的目的，所以，無論如何，都必須要將這種矛盾解開。

每一個人都會有自己的主見與個性，其看法也往往會隨著時空的轉移而不斷地發生著改變。你對自我的認識與他人對你的了解，往往會存在極大的差距。因此，不管是何時何地，我們都應了解到對立存在的客觀性。對立的種類與形式如此繁多，我們無法一一對之進行闡述，但是，永遠讓溝通建立於雙贏的基礎之上，是讓合作保持順利的關鍵所在。

想要讓自己看到他人的利益切入點，讓合作保持順利，我們需要從以下幾個方面入手：

（1）掌握正確溝通的基本原則

溝通中使用恰當的方法會達到事半功倍的效果，反之則會適得其反，使溝通不歡而散，非但問題無法得到解決，還會產生新的矛盾。所以，在公平對等、認真傾聽的基礎上，雙方應該就事論事，彼此之間不進行人身攻擊、不揭短，並本著「求同存異」的基本原則去相互了解。

（2）為自己設立正確的位置

在進行溝通與說服之前，我們必須要確認以下幾點：你對對方有什麼樣的要求？你希望對方至少做好哪些項目？想要檢測效果，你應該從以下幾點做起：

○ 將要求的內容分成必須要實現與可視情況進行讓步兩種，前者為基本目標，後者為非基本目標。

○ 制定「最低底線」與「最高上限」，即最低可做怎樣的讓步，最高可達到什麼，前者可稱為「開放位置」，後者為「下降位置」。

在進行溝通與說服時，我們需要先設定自己的位置，明確告之最高可為對方做怎樣的事情，但最好不要提及下降位置，而是等到妥協到不可再妥協時再說出。在此之前，就算對方有意刺探，我們也應嚴加保密。

（3）將共同問題放在前面，對立問題放在後面

從最簡單的地方著手做一些複雜而又艱巨的工作，才是最聰明的做法。若在開始時溝通便存在種種問題，那麼溝通者應該就兩者的共同利益點著手進行了解，努力使雙方在最大程度上達成一致。

如果雙方在其他問題上達成了一致，但是對方卻依然無法接受你的要求，則不宜再繼續堅持，而是應暫時擱放至一邊，先就其他的事情進行溝通，在建立起了共同的利益基礎以後，再重新來一次。

假如始終無法達成妥協的話，過去所花費的時間與努力便會全部浪費，因此，我們應把握好最後的時機，強調自身與對方溝通、合作的誠意。相信此時雙方會因為該堅持的已堅持過了，並會就此接受。

第八章

正確的判斷，是賽局勝出的關鍵

無論做什麼事情，只有綜合思考，做出了正確的判斷，才會走向成功。倘若判斷本身就是錯誤的，那麼不管怎樣努力，也一定不會取得成功。做出正確的判斷需要進行觀察、了解、比較和分析，也只有進行這幾個階段之後，才能做出正確的判斷，才能更好地指導自己制定計畫，付諸行動。正確的判斷是對我們直覺和能力的一種證明，也是賽局能否勝出的關鍵所在。

1. 以往的經驗是人們判斷的依據

經濟學中，經濟主體或行動者的行動通常是建立在演繹推理的基礎上的，但是史丹佛大學教授亞瑟（William Brian Arthur）卻不這樣認為，他認為，上述主體的行動是建立在歸納的基礎上的。為此，他提出了著名的酒吧賽局。厄爾法羅酒吧是當地一家知名的酒吧。每週五，這家酒吧主打愛爾蘭音樂時就會大爆滿。當然，如果太擁擠的話，也會破壞氣氛，那許多人就寧可待在家裡了。但問題是，所有人都有類似的想法。

亞瑟解決問題的方式是這樣的：假設想去酒吧的總人數為 100 人，如果實際上去酒吧的人數不超過 60 人，那麼每個人都會很盡興。反之，要是超過 60 人，將沒有人開心。於是，人們只有在估計酒吧客人不超過 60 人的情況下才會去；否則便待在家裡。假定每個參與者或決策者面臨的資訊只是以前去酒吧的人數，每個參與者只能根據以前去的人數的資訊歸納出策略來。沒有其他資訊，他們之間更沒有資訊交流。那麼，週五晚上人們到底該怎麼估計呢？

這是一個典型的動態賽局問題，也是一群人之間的賽

局。如果許多人預測去酒吧的人數多於 60 而決定不去，那麼，酒吧的人數將很少，這時候做出這些預測則錯了。如果有很大一部分人預測去酒吧的人數少於 60，因而去了酒吧，則去的人很多，多過 60，此時他們的預測也錯了。因此一個做出正確的預測的人應該能知道其他人如何做出預測。但是在這個問題中，每個人預測的資訊來源是一樣的，即都是過去的歷史，而每個人不知道別人如何做出預測，因此，所謂正確預測是沒有的。每個人只能根據以往歷史「歸納地」做出預測，而無其他辦法。

從理論上說，上面的問題的確是一個難以解決的困境，但實際情況如何呢？為了求得答案，亞瑟教授設計了一系列以厄爾法羅客滿程度為主題的電腦仿真實驗，連續運行 100 週。他創造了一群電腦仿真人，讓他們各自採取不同策略，然後由他們自行運作。由於這些電腦仿真人員依循的策略不同，結果酒吧人數每週波動得很厲害，沒有規律，而是隨機變化，因此沒有出現特定的模式，沒有任何策略可供個人遵循，以確保選擇正確。相反，所有策略大概都只能用一下就失靈了。不過，這個實驗最引人注意的是：在這 100 週內，該酒吧的平均人數剛好落在六成滿，等於群體希望的客滿程度。換句話說，即使個人採用的策略都要視其他人的行為而定，團體得到的集體判斷仍然非常理想。

　　這個問題後來被簡化成了少數者賽局，可以說是改變了形式的酒吧問題。「少數者賽局」是由一位定居瑞士的名叫張翼成的中國人在 1997 年提出的。一個形象的例子是：有 A 和 B 兩個房間，我們讓 N（N 是個奇數）個人獨立選擇進入 A 或 B 房間。之後每個人按自己的選擇進入房間，如果 A 房人數少於 B 房，那麼進入 A 房的人就贏了。假設你知道了前幾次 A 房的人數（當然，B 房的人數是 N 減去 A 房的人數），你如何決定下一次去哪個房間才能使你贏的機會最大？

　　少數者賽局可以運用於股票市場。每個股民都在猜測其他股民的行為而努力與大多數股民不同。如果多數股民處於「賣」股票的位置，而你處於「買」的位置，股票價格低，你就是贏家；而當你處於少數的「賣」股票的位置，多數人想「買」股票，那麼你持有的股票價格將上漲，你將獲利。而股民採取什麼樣的策略則多種多樣，他們使用的策略完全是根據他們以往的經驗歸納出來的，因而類似於這裡的少數者賽局的情況。但是少數者賽局中一個特殊的結論不具有普遍意義，即：記憶長度長的人未必一定具有優勢，因為，如果確實有這樣的方法的話，在股票市場上，人們利用電腦儲存的大量股票的歷史數據就肯定能夠賺到錢了。但是，這樣一來，人們將爭搶著去購買儲存量大即硬碟空間大以及運算速度快的電腦了，但是至今人們還沒有發現這是一個炒股票

必定贏的方法。所以，我們可以從一些書中獲知炒股的基本知識、操作流程或其本法則，但沒有一本書、沒有哪一個專家能夠告訴你買哪支股票一定能贏。

也就是說，股市只有作為一個無法準確預測的混沌系統，才有存在的可能，也才能讓那些無法預測其他股民將要買哪支股票、將要拋哪支股票的股民們，在「最大笨蛋」（greater fool theory）的遊戲中或喜或悲，或樂或愁。

微軟創始人比爾蓋茲說：「花費數百元買一本書，便可以獲得別人的智慧經驗。然而，如果你全盤模仿，不加思考，那有時就會畫虎不成反類犬。」經驗的確是從不斷實踐中總結出來的寶貴財富，但是在面對問題時，我們還應該從客觀出發，研究與認定其合理性，並在其中加入新的想法與見解，這才是獲得真知的最佳途徑。

2. 永遠不做大多數

我們透過了解上文中的「少數派賽局」可以發現，如果你成為一個「少數派」，你的選擇往往是正確的。比如在酒吧賽局中，大多數人去了酒吧，而你成了少數的沒去者，那麼你是正確的；股市中，因為真正賺到錢的永遠是少數，而如果你成了這少數人中的一員，那麼你就有幸成為股市中的贏家。很多時候，「真理」的確掌握在少數者手中，否則成功者也就不會一再告誡我們「永遠不做大多數」了。

2003 年，一本名為《紫牛》（*Purple Cow: Transform Your Business by Being Remarkable*）的書在行銷界掀起了一陣「旋風」。在書中，作者賽斯‧高汀（Seth W. Godin）詳細闡述了「紫牛」作為新的市場行銷法則的理念：唯有讓產品成為本行業中的紫牛，才有可能與眾不同，出類拔萃，在不消耗大成本的廣告運作下，讓企業達到市場規模。

正如紫牛在一群普通的黑白乳牛中脫穎而出一樣，精采的行銷應該是讓人眼睛為之一亮的，把人們的注意力恰到好處地引向我們的產品和服務上的一門藝術。作者在書的開篇這樣寫道：「見過 10 隻乳牛以後，你就會習以為常了，可

是在這個時候，如果出現了一頭紫色的乳牛，你的眼睛就會為之一亮！這正是紫牛所揭示的真正含義：平庸總是導致失敗，創新才是商業競爭中顛撲不破的真理。這個世界總是充滿了平淡，消費者每天都要在市場中面對千篇一律的產品，就像普通的黑白乳牛一樣。但是你可以肯定，只有紫色的乳牛才不會被人遺忘。」

「紫牛」所闡釋的理念在行銷學中稱為「注意力行銷」，而在賽局論中則被稱為「少數派策略」。但凡成功者都屬於少數派，因為他們從不跟在別人後面，還常常因與眾不同而受到非議。事實上，千萬富翁中有 76％ 的人說自己在成長過程中學會了與眾不同的思考，並認為，這是他們後來逐漸成為有成就的人所具備的重要因素。

有一個村子靠近大山，所有村民都以開山為生。大多數村民將石頭賣給建築商建房用，只有一個人喜歡挑選形狀奇特而且美觀的石頭，然後運到碼頭賣給園林商人，比其他村民賺的錢多好幾倍。

後來不准開山了，村裡人都種果樹，只有他種柳樹。因為他發現好水果銷量很好，但是水果收購商卻為沒有柳筐裝水果而煩惱。只有他可以提供柳筐，所以他又比其他人賺到了更多的錢。

不久之後，有一條橫貫南北的鐵路從村口經過。村民們

都在談論如何利用鐵路優勢組建水果製品加工廠的事，而他卻悄無聲息地在自家地裡砌了一道長達百米的高牆。這道牆一面朝向鐵路，另一面則是綠柳環繞的萬畝梨園。火車經過這裡，乘客們便會欣賞到盛開的梨花，還會看到那面高牆上的巨幅廣告標語。這是方圓五百里唯一的廣告，也是最具特色的路牌廣告，而他每年僅靠這面廣告牆便可獲得數萬元的收入。

他有了一定的積蓄後，便去城裡開了家服裝店，因為款式多樣而收入頗豐。某日商公司總裁山田信一無意中聽說了此人，被他罕見的商業頭腦所折服，於是決定高薪聘用他。山田信一帶著幾名助理找到此人的時候，卻發現他正在自己店外與對面的服裝店老闆吵架。原來這兩家店正在打價格戰。此人店裡貼出全場 9 折的標語，對街店裡則標出全場 8.5 折，等他把標語換成 85 折時，對面的店又標出全場 8 折。一個月下來，他僅賣出 8 件衣服，而對面的店卻賣出 800 件。山田信一聽說後頓感失望，認為他只不過是一個目光短淺的小商人。正當一行人準備返程時，助理跑過來告訴山田信一，經多方打聽得知，對面的那家服裝店的老闆也是他。

開山大家都能想到，所以沒人賺到大錢；種果樹大家也都賺了不少，但是沒人能發大財。將好看的石頭賣給園林商人只有一個人能想到，所以此人賺了錢；種柳樹也只有他一

人能想到，所以他又賺了很多；牆體廣告也只有他能想到，所以他又賺到不少；而自己開店跟自己競爭也只有他能夠想到，所以他能夠取得成功。

在現實生活中，資源是有限的，這就決定了在一個社會中，只有少數人能享受到多數的資源。為此，能夠採取「萬綠叢中一點紅」的策略的人，無疑是極其明智的。雖然不是每個人都懂得這其中的賽局學原理，但是只要悟透了其中的智慧，一樣會在人生的賽局中成為脫穎而出的勝利者。

美國石油巨頭保羅·蓋蒂認為，同樣一件事，有些人能夠想到別人所想不到的，結果就取得了成功。大多數人之所以沒有取得成功，並不是因為他們沒有條件，而是因為他們根本沒有動腦思考，根本沒有去想別人所想不到的事情。成功總是屬於那些有思想、有遠見的人，總是屬於那些能夠想別人所不敢想的人。那些目光短淺的人，永遠都不可能取得成功。

3. 當別人貪婪時，你要懂得害怕

　　鼎鼎大名的「股神」華倫・巴菲特是一個奇人，也是一個怪人。他 11 歲就開始炒股，現在已經 90 多歲了，卻仍然像年輕人那樣活躍在世界經濟大舞臺。多年來，無論世界經濟如何風雲變幻，潮起潮落，他一直在全球富豪的前三位。

　　某記者曾採訪「股神」巴菲特，問他炒股有什麼祕訣，如何才能在股市中盈利，巴菲特淡淡一笑，說道：「炒股的道理說出來其實很簡單，就是當別人貪婪時你要變得害怕，當別人害怕時你要變得貪婪。」

　　這就是巴菲特的炒股真經，如果以賽局論的觀點來分析，則恰恰是「少數派策略」。採用這種的人，其思維方式看起來都有些「怪異」。但是這些看起來怪異的思維，卻又非常正常，它就是我們常說的逆向思維。

　　從動物演化為人之後，我們就有很強的社會性，離開了社會，一個人是很難獨立生存的。人的社會性我們無法躲避，但是，這種社會性對我們的負面影響，又必須克服。比如：凡事看趨勢、隨大流的思維習慣，有時就會發生問題。為什麼股市中有那麼多輸家？為什麼做生意永遠是賺的少賠

的多？為什麼成功者永遠是少數人？這些無不與人們隨大流的思維方式有關。有了隨大流的思維，你就無法採用「少數派策略」，你就會不假思索地跟著千軍萬馬奔向擁擠的陽關道，偏偏忽略了沒有人去走的獨木橋。

理查‧丹尼斯（Richard Dennis）是美國期貨市場的傳奇人物，他曾以 400 美元滾雪球般地賺到了兩億美元，創造了期貨市場交易的奇蹟。丹尼斯成功的重要原因就在於他具備反向操作的理念，懂得如何進行反向操作。他發現期貨市場存在著一種「市場心理指標」，即 80% 的交易者看多，則表示頭部不遠了，行情會跌；80% 的交易者看空，則表示底部不遠了，行情一定會上漲。

丹尼斯認為真理只掌握在少數人手中，多數人的觀點都是錯誤的，因為期貨市場中的大部分人都在賠錢，只有區別於眾人的投資理念和投資方法，自己才能真正獲益，所以他總是能夠特立獨行、與眾不同。

1973 年，美國的大豆價格瘋狂上漲，很快就突破 4 美元的大關，但是在前一年，大豆價格只在 50 美分上下徘徊，並沒有太多上漲的空間，許多人依據歷史的慣性思維，認定大豆價格不可能會繼續成長，而且紛紛預測，認為大豆價格會大幅度下降，直至跌回 1972 年的水準，許多人害怕自己會遭受降價帶來的損失，於是不敢再冒險，紛紛選擇在此時放

空。丹尼斯卻並不這麼認為，他對市場行情十分看好，認為價格還會上漲，於是大量買入大豆期貨，結果大豆期貨的行情大升，形勢一片良好，價格又暴升三倍，一直漲到 1,297 美分，丹尼斯於是大賺了一筆。

正是因為丹尼斯能夠不隨大流，堅持自己的想法，進行反向操作，才能把握住市場行情，為自己賺取豐厚的利潤。

那些成功者之所以勇於捨棄陽關道，奔向獨木橋，因為他們知道資源都是有限的。事實上，陽關道只有一條，而獨木橋則往往多不勝數。如果所有人爭奪的焦點都在有限的幾種事物上，那麼每個人都將面臨十分艱難的處境。比如大學生畢業就業，大家紛紛瞄準大公司、政府機關、外企……他們會發現競爭異常慘烈。而有些大學生畢業後賣速食、從事養殖、務農……卻能開闢一條成功的大道，這不正是少數派策略在現實生活中給我們的啟示嗎？

法國作家古斯塔夫・勒龐（Gustave Le Bon）的作品《烏合之眾》（*Psychologie des Foules*）裡有這樣一句話：「人群中積聚的是愚蠢，而不是天生的智慧。」賽局論學者們廣泛贊同這一觀點。的確，在人生的賽局中，另闢蹊徑，找到多數人沒有注意到的那座「獨木橋」，一樣可以絕處逢生，甚至獲得比那些走上陽關大道者更高的收益。

4. 學會選擇，魚和熊掌不可兼得

　　某小鎮居民不多，只有一名警察負責整個鎮子的治安。小鎮的東邊有一家飯店，西邊有一家銀行。某天鎮裡潛入了一個小偷，盯上了這兩個場所。警察也知道這兩個場所是最需要保護的地方，但他一次只能選擇一個地方巡邏。當然，小偷一次也只能去一個地方偷盜。若警察恰巧選擇了去小偷偷盜的地方巡邏，小偷便無法得逞；而如果小偷選擇了沒有警察巡邏的地方偷盜，就能夠偷竊成功。假定銀行需要保護的財產價格為 100 萬元，飯店的財產價格為 50 萬元。警察怎麼巡邏才能使效果最好？

　　透過分析，我們會發現這樣的情形：警察巡邏某地，偷盜者在該地無法實施偷盜，那麼此時小偷的收益為 0，此時警察的收益為 3（保住 150 萬元）。一般情況下人們會認為：警察當然應該在銀行巡邏，因為到銀行巡邏可以保住 100 萬元的財產，而到飯店則只能保住 50 萬元的財產。實際上這種做法卻並非總是那麼好，因為小偷也可能會這麼想，那麼他去飯店行竊則會順利得手。

　　那麼警察到底是應該去銀行巡邏，還是應該去飯店巡邏

呢？如果這名警察學過賽局論，那麼他會選擇用擲骰子的方法決定去銀行還是去飯店。假定警察規定擲到 1～4 點去銀行，擲到 5、6 兩點去飯店，那麼警察就有 2/3 的機會去銀行巡邏，有 1/3 的機會去飯店巡邏，這是他的最佳選擇。

我們再來看小偷的最佳選擇，居然也是同樣以擲骰子的辦法決定去銀行還是去飯店偷盜，只是擲到 1～4 點去飯店，擲到 5、6 兩點去銀行，那麼，小偷有 1/3 的機會去銀行，有 2/3 的機會去飯店。此時警察與小偷所採取的策略，便是賽局學中所說的混合策略。在這樣一場賽局中，不存在純策略奈許均衡（pure strategy nash equilibrium）。

假設賽局中的每個參與者都有優勢策略，則純策略均衡是合乎邏輯的。也就是說，選取一個優勢策略的結果比選取其他任何策略都要好，同樣，選取一個劣勢策略的結果比選取其他任何策略都要差。假如賽局參與者有優勢策略，則一定會去選取；假如賽局參與者有劣勢策略，則一定會去避免。

但是我們透過觀察類似警察與小偷的賽局可以發現，並非所有的賽局都有優勢策略或者劣勢策略，而大家共同擁有的，恰恰是混合策略。解決混合策略問題的最好方法就是：不用刻意去想應該怎樣解決問題。就像小孩子玩「剪刀、石頭、布」的遊戲一樣，石頭可以敲碎剪刀，剪刀可以剪

碎布，而布又可以包住石頭。你不會知道對手會出其中的哪一個，無論你怎麼想，都不會得到一個最佳策略。這種遊戲中，最好的方法就是根本不要去想下次該出什麼，想到什麼就出什麼好了。

人生的很多事情都是如此，常常就是魚與熊掌無法兼得。所以當我們前進一步時，就應該懂得自己必將放棄上一步，否則就無法為繼續前進做好足夠的鋪墊，你執著於眼前這一步，也許人生就會被困在這一步上，永遠無法走得更遠。捨棄不是一味地放棄，而是為了得到更多的東西，不懂得捨棄的人，只能看到自己走好了一步路，卻不知道如何走好更多的路。

美國心理學教授史丹利博士（Granville Stanley Hall）曾教導他的學生說：「上帝總是給我們留下一個這樣的選擇機會，一條魚和一根魚竿，當我們迫不及待地想要品嘗美味時，我們只能得到這一條魚，當我們能夠為美好生活作更長遠的打算時，則理所應當地要選擇一根魚竿。」事實上，我們常常選擇那些淺顯可得的幸福生活，卻忽略了打開幸福生活的那把鑰匙。

5. 別讓常規左右了你的頭腦

　　賭場裡有一種說法，新人手氣好，總是贏錢。所以老手一般都不太愛與新人一起打麻將。為什麼新人手氣好呢？因為對於老手來說，他諳熟打牌的一般規律，並按照這個規律來揣測哪張牌是對方想要的、對手會打出什麼牌。可是新人往往不懂這些規律，有時甚至亂出一氣，反倒讓牌場老手對他出牌的規律無法捉摸。實際上，並不是他的「手氣好」，而是缺乏經驗幫了他的忙。

　　因此，在一場賽局中，不讓對方抓住你的規律就顯得十分重要。比如一場重要的球賽開始前，一方的教練總要找出對方以往的比賽數據，與隊員們共同觀看、思索，以抓住對方各個球員的特點，球隊總體的打法、球風等，以便於自己找出對策，戰而勝之。實際上，在你研究別人的同時，別人也在研究你。從這一點上來講，就看誰能把自己的「規律」隱藏得更深，或者讓對方根本無規律可循。

　　的確，當對方出什麼「牌」是不可預測的時候，很多人把這種情形視為獲勝的機會均等。但是如果用賽局論的觀點來分析卻不是這樣的，在混合策略均衡中，個人隨機性才是

產生賽局結果的主導因素。也就是說，不可預測性並不代表雙方輸贏機會相等，要想提升贏率，就應該有計畫地偏向一邊，進而改善自己的策略，只不過這樣做的時候要想辦法不讓對方預見。

比如上文警察與小偷的賽局中，警察側重於對銀行的巡邏，就是一種十分合理而且很容易理解的改善方式。同時，警察的巡邏方式不要形成規律，讓小偷永遠處於迷茫之中，永遠不知道警察什麼時候將在哪裡巡邏。

當然，這是從警察角度考慮得出的最佳策略，如果從小偷的角度考慮，他採用側重於飯店的隨機策略可以獲得同樣的成功機率。這絕對不是什麼巧合，而是兩個選手的利益嚴格對立的所有賽局的一個共同點。這個結果稱為「最小最大定理」（minimax theorem），由哈佛大學榮譽博士、數學家約翰·馮諾伊曼（John von Neumann）創立。

1928 年，馮諾依曼發表了一篇關於社會對策理論的論文。在這篇文章中，他證明了「最小最大定理」用於處理一類最基本的二人對策問題。這個原理如果用通俗一點的話說，就是在一場賽局中，你想贏利可能有幾種選擇，你當然願意選擇自己受益最大的一個策略。但是你的選擇不能不考慮對方的對策，因為他跟你一樣也是這樣想的，所以你就必須把對方的選擇也考慮清楚。比如你有兩種選擇，對方也有

兩種選擇，如果你的一種選擇無論在對手做出任何對策時效果都比另外一個好，這就被稱為「優勢策略」；另一方面，對手也明白你的優勢策略所在，知道你會照此實行，所以他也會在自己的兩個對策中選擇效果最好的一種策略。這就出現一個令人驚訝的結果，即最大收益的最小值（最小最大收益）等於最小收益的最大值（最大最小收益）。雙方都沒辦法增加自己的收益，因此這些策略形成這場賽局的一個均衡。

義大利著名文學家伊塔羅・卡爾維諾（Italo Calvino）在其著作《如果在冬夜，一個旅人》（*If On A Winter's Night A Traveler*）一書中寫道：「你知道，你所能期盼的最好的結果就是避免最壞的情況。」這個警句很好地說明了最小最大收益原理。

所有混合策略的均衡具有一個共同點，那就是每個參與者並不在意自己的任何具體策略。一旦有必要採取混合策略，找出你自己的策略的方法，就是讓對手覺得他們的任何策略對你的下一步都沒有影響，這也就是我們通常所說的「以不變應萬變」。這種尋求對策的方式並非是朝向混沌無為的一種倒退，它符合零和賽局的隨機化動機。

賽局中取勝的基本思路是要考慮對手的思路，所以賽局中還必須考慮到對手也在猜測你，無時不在尋找你的行動規

律，以便有的放矢地戰勝你。但是你也可以利用「規律」迷惑對手，在看似有規律的行動中，突然又「不規律」起來，這時對手往往就會手忙腳亂，從而使你在賽局中獲勝。

　　對於自己而言，穩健是賽局的要務，想贏別人一定要先把贏的每一個環節都考慮周到，不能讓對手發現任何真實的規律，否則，想贏別人的時候往往也正是你的弱點暴露得最明顯的時候。如果沒有真正了解對手的策略就倉促出手，對手就可能乘機抓住你的弱點，你可能反倒要輸掉了。

　　馮諾依曼博士認為，一場賽局中，你摸不清對方的規律並不可怕，但是如果對方的規律明顯出乎意料，那麼你一定要分外警惕，因為這可能是對方為你設置的一個陷阱。這對於日常生活也有很大的啟示，如果一件事情聽起來對你太有利了，幾乎好處全在你這一邊，你就要仔細地考察它的真實性了。

6. 使理智與情感相得益彰

　　要做出最佳策略選擇，往往既需要理智的邏輯推理能力，還需要撥雲見日的高 EQ。

　　在中國傳統社會，有識之士經常提倡道德至上，但古人的見解不是止於這種程度，他們在看待世上諸事時沒有簡單地停留在情感階段。思辨精神才是中國古人的最偉大貢獻。我們在提倡中庸的孔孟之道、提倡無為而治的老莊思想之中，都可以看到思辨主義的精髓。諸子百家當時也是運用人的理智來進行著思辨，不完全是依靠情感的昇華來認識這個世界的，他們依靠的是理性思辨與高尚的道德情操。

　　中國古代慣用「打感情牌」手段，其實是統治者實施獨斷專制的必要工具。居於高位的統治者從來不會為了獲得情感而變得感性，他們只是高明地將理性與情感結合在了一起，讓它們相得益彰地發揮了作用，從而達成利益最大化。同時，懂得讓自身的理智與情感保持在一個均衡條件下的統治者，能做出對民有益，對國家有益的舉動，而不會成為昏君。

　　春秋群雄紛亂時期，楚莊王是春秋五霸之一，他是中興之王，在他身上發生了很多傳奇的故事，「拒飲強臺」就是其中一個頗具鏡鑑意義的事件。

　　一日，令尹子佩邀請楚莊王到自己的居所強臺去飲酒，楚莊王當時很高興地答應了。到了約定的日子和時辰，子佩卻遲遲沒有看到楚莊王駕臨，子佩只能進宮去見楚莊王，小心翼翼地詢問道：「那日，大王答應到我的居所來飲酒，臣將一切都準備好了，您為何不來呢？莫非，是臣在什麼事情上得罪了您？」楚莊王微笑著搖搖頭，回答道：「子佩毋須緊張，不是這樣的。你邀請我去飲酒，我甚是欣喜。但是我聽說，子佩你所居住的強臺是景色迷人的地方，還有人說到了強臺，會使人其樂忘死。不瞞你說，我是個薄德之人，倘若真的到那樣的地方去了，恐怕我流連忘返，不記得回宮處理政事了。所以我臨時改變了主意，你能理解我的難處嗎？」

　　聽到這番話，子佩心中一陣感喟，完全沒有了擔憂和對楚莊王的怨恕。

　　楚莊王這樣嚴於律己，是每個楚國臣民之福。楚莊王此舉不但是自律，還趁機向子佩展示了自己的作為一國之君的賢德，無形當中贏得了子佩的衷心和讚賞，而這件事情如果傳了出去，其他的臣子也將更加悉心地輔佐他。另外，楚莊王也避免了獨自到子佩家中飲酒，引起其他臣子爭相效仿的

可能性。如此，他選擇了這樣的策略，著實是高明之舉，同時也在提醒臣子們，不要企圖用酒肉聲色來迷惑他，可謂一石數鳥。

楚莊王能夠擁有這樣的判斷力，做出最佳策略選擇，自然是因為他既發揮了理性的思維，也調動了感性的思維，考慮到了臣子的想法，也考慮到了自己的立場和整個國家的利益。

在春秋戰國時期，還發生了一則可笑的故事，和楚莊王的事例正好相反，可以當作反面例證。

有兩位著名的勇士，一日相遇，他們相見恨晚，決定要痛飲一番再較量一下彼此的武藝，但是一文錢難倒英雄漢，兩人都囊中羞澀，居然沒錢買酒。一個勇士豪氣干雲地提議道：「我們二人腿上的肌肉發達，身強體壯，為什麼不割股自啖呢？」另一勇士竟然沒有表示反對，同樣豪情萬丈地說道：「諾！」

結果，最後兩人都血盡而亡。

這個故事實在是可笑之極，也許你會說，哪會真有這樣蠢的人，他們難道不知道割股自啖會血盡而亡嗎？現代人的確不會犯這個荒謬的錯誤，那是因為我們知道人的血液流失到一定程度，生命就會有危險。但是那兩個勇士並不知道，他們率性而為，沒有想到自己選擇的後果，只知道要滿足眼

前的需求，而不顧及其他。這是典型的不理智的思維方式，他們只專注於自己當下的情感需求，一時衝動就做了決定，付出了慘重的代價。

其實人類文明是在不斷進步的，之所以會進步，是因為人們在不斷地總結前人的經驗和教訓，提高自身的理智思維能力，提高自身的認知水準，提高了自己的 EQ，也就是提升了賽局的層次。人類從原始社會的「不是你死，就是我亡」的爭鬥，發展到戰火紛飛時代「既生瑜，何生亮」的智慧之爭；從「同歸於盡」的利益爭奪發展到「傷敵一千，自損八百」的追求更少損失的策略；發展到現代社會更是學會了「鬥智不好鬥勇」、「與其兩敗俱傷不如求得雙贏」的認知。於是，如今社會的發展和變化，不會總以「百廢待興」為代價來實現了。和諧雙贏成了時代的主題，無論是在生活中還是在社會中的賽局，大多講求雙贏，以獲得更長遠的發展。

如今我們身處於現代商業社會賽局的浪潮中，制定規則的人最想看到的，就是無論如何競爭，賽局者都能在整個局面中整體實現自身利益的最大化，以付出最小的損失為代價。要實現這個目標，我們需要使理智和情感相得益彰。

只有當理智和情感相得益彰，賽局者才能獲得良好的賽局心態，這種心態恰恰是人們求得雙贏的關鍵。例如：諸葛亮和周瑜在三國時期的爭鬥，他們兩人都是那個時代頂尖聰

明的能人，堪稱天才的軍事家，但是他們都想以最小搏最大，這裡就出現了一個最大利益和最小付出的悖論。他們都想讓自己付出最小的代價，博得最大的利益，結果到最後一個泣血而亡，一個遺恨祁山。在這場爭霸鬥爭中，賽局的結果是雙輸。這是一個時代的悲哀，因為他們缺乏一個好的遊戲規則，也缺乏現代的智慧，更缺少一個良好的賽局心態，於是只能得到雙輸的結局。

　　不過，也有人會說，理智和情感常常發生矛盾，如何調整衝突，讓它們相得益彰不是件容易的事。可是一旦你做到了這一點，理智和情感可以配合到幾盡完美。終究在這個世界上要追求兩全其美是困難的，這種困難不是說人們無法在賽局過程中找到奈許均衡點，而是人的一生總是處在左右為難的選擇中，人們總會徬徨、掙扎、猶豫，也總是陷入進退維谷的悖論。但倘若所有的賽局者都能夠擁有理性賽局的心態，以大智慧也就是公開、透明、公正的賽局規則來實施利益的爭奪，勇於透過創新或開拓新領域、新成就的策略來獲得超額利潤，那麼商業社會中正和雙贏的賽局就不再是妄想了，良性循環的商業生態將成為現實，到那時，人們也就徹底解開了利益最大化與付出最小化的死結。

7. 請躲避天上掉下的「鐵餅」

天上不會掉下餡餅，天上掉下的只有「鐵餅」。

在任何時候，人都要提醒自己耳聰目明，即使沒有火眼金睛，也應將理智放在首位，隨時注意身邊的誘惑和陷阱，切忌貪心僥倖。只有這樣才能最大限度地規避風險，將身處賽局環境遭受的損失降至最低。

《清朝野史大觀》裡記載了這樣一則故事，告誡人們要正視自己的弱點，遠離誘惑。

清道光年間，有一位刑部大臣名叫馮志圻。馮志圻平日公正無私，不好酒色，只有一個愛好，就是碑帖書面。但他為人嚴謹，從不在人前提及自己的愛好，赴外地巡視時更加小心謹慎，就是不願讓人抓住自己的弱點，並就此大做文章。但有一次，一位下屬碰巧知道了他的愛好，擇日送給了他一本宋拓碑帖。馮志圻很喜歡這個禮物，他明明可以打開看看，但卻原封不動地退了回去。其實他打開看看再退回去也無妨，這樣也不算收受了賄賂。但馮志圻嘆息道：「這是稀世珍寶啊，我一旦打開了，一定會愛不釋手，哪裡還捨得

還回去。到時如果下屬對我提出法理之外的請求，我應也不是，不應也不是了。倘若不打開，還可對自己說，這是贗品，不必念想。」

他知道自己的弱點，因此乾脆拒之於千里之外，閉上眼睛不看，這樣就不會受到誘惑了。馮志圻所說的應當是肺腑之言，因為絕大多數人都有弱點，抵禦誘惑的能力也非常有限。他了解自己，所以選擇了這樣的策略，為了避免犯錯，所以遠離誘惑。

馮志圻在誘惑面前，根據自身的性格特點，做出了最佳策略選擇，也規避了身為官員疑似收受賄賂的風險。

且不論中國古代社會，當今世界更是紛繁複雜，到處充滿著各類誘惑，例如功名、金錢、聲譽、美色等，五花八門的誘惑彷彿一個個巨大的漩渦，只要你定力不夠試圖靠近，說不定就會立刻被捲入進去。我們的意志和定力無時無刻不遭受著考驗，如果你沒有把握讓自己面對誘惑坐懷不亂，不如做出更為妥當的選擇，那就是遠離誘惑，對於那些不屬於你的東西不聞、不問、不看。

有一則故事發生在一家公司招聘的過程中，當時這家公司要高薪聘請一名司機，為董事長開車。雖然是一場小小的招聘，公司高層卻給予了足夠的重視，HR 透過層層篩選和考試，留下了三名技術扎實且具有豐富駕車經驗的司機。最

後一關的考題似乎與這個職位沒有太大關聯，題目是這樣的：懸崖邊有塊金子，讓你們三個人分別開車去拿，你覺得自己可以距離懸崖多近，在不至於掉落的情況下拿到這塊金子呢？

由於並不知道正確答案是什麼，也不知道其他競爭者的答案是否正確，三個人經過了短暫的思考做出了這樣的回答：司機 A 說「兩公尺」，司機 B 說「半公尺」，只有司機 C 說「我會盡量遠離懸崖，越遠越好」。

最後面試的結果是，錄取了司機 C。這道題考驗的不是三個人的開車水準和經驗，考官如果要考察他們的技術，直接讓他們實際操作就行了，毋須聽他們的口頭答案。很明顯，主考官是想知道，哪個司機能夠不受誘惑，更加理智。理性思維對於一位司機而言是很重要的，如果他在工作途中沒有足夠的理智，有可能無法保證行駛安全。公司招聘司機不需要這個司機有太高超的車技，他們需要的是開車穩、品性德行更穩的人。

保證自己的利益最有效的方法就是距離誘惑越遠越好，因為誘惑總是在「懸崖」邊上，你以為自己能夠撿到便宜，實際上哪有不付出就能獲得的道理。

你有沒有上當受騙過？有些人會被騙子欺騙，深陷各種騙局，就是因為在巨大的不勞而獲的利益面前，忘記了「將

欲取之，必先予之」這個道理。那些設置騙局的人，利用的正是大多數人都有的僥倖心理和不勞而獲的心態，會在和人們接觸的開始故意說真話，當在小事情上取得大家信任之後，便在重要的關頭設下陷阱，讓人們一腳踩空。但是，即便警察部門如何告誡市民，不要相信某些中獎資訊，還是有些人相信「天上會掉餡餅」這樣的好事，繼續上當受騙。這也就是騙子為何無法銷聲匿跡的原因。

　　曾經廣為流傳的「簡訊中獎圈套」就是這樣較為高明的騙術。行騙者認為想要人們上鉤，就要先給出一點甜頭，他們採取了「將欲取之，必先予之」的策略，先犧牲一點利益，將免費獎品寄給人們，如此取得了人們的信任後，他們隔幾天再打電話，說還有更好的獎品可以領取，但是因為物品價格昂貴，需要支付一定的郵寄費和手續費，他們便對人們說：「只有你先支付一定的費用，我們才可把獎品寄給你。」等人們上了鉤，果真按照他們的要求匯去了高額費用後，他們的電話號碼成了空號，頓時人間蒸發了。

　　在我們與騙子之間展開的賽局中，如果我們能夠時刻保持警惕，不貪心，牢記「天上不會掉餡餅」的至理名言，其實是能夠發現騙子的拙劣伎倆的。騙子雖然十分狡猾，騙人的招數也是日新月異，但他們騙人的手段不見得有多麼高明，只要理智一點稍加分析，就能夠發現漏洞。例如有些中

獎簡訊會假冒某些公司的名義，你只要對簡訊號碼進行查證就能知道這些機構是從來不會舉辦類似的中獎活動的，就算有活動優惠也是開展面對面的活動。一旦你遇到需要你支付金錢的環節，無論他承諾給你任何高價值的東西，你都應當立刻提高警惕。

當你理智地面對看起來像是「餡餅」的各種誘惑，你就贏得了賽局的勝利，擊敗了騙子，讓他們無計可施。

第九章

談判過程中，掌握賽局的關鍵點

有人說，談判就是鬥智的過程。言外之意，想要成為一個談判高手，就必須在鋒利的言辭、銳利的觀察力與背後的爾虞我詐中獲得勝利。但是，在賽局心理學中，談判並非比拚計謀，而是一個在協調、對話中共同決策的過程。在這個過程中，原本有衝突的雙方有可能立足於共同利益的基礎上，獲得雙贏的結果。當你坐到談判桌上後，你往往沒有時間與時機周密地思考下一步，但你一定要掌握賽局的關鍵點，否則雙贏的結果便很難實現。

1. 討價還價中的大學問

　　A 與 B 兩個人可以共同分享一個冰淇淋蛋糕，但是前提是必須講好應該怎樣分。雙方都知道，在這個過程中蛋糕會不斷融化，因此他們都非常清楚只有合作才對雙方有利，只是不清楚應該如何共享合作的果實。那麼應該怎樣才能趕在蛋糕融化前提出一個雙方都能認可的分配方案呢？

　　最簡單的方法就是一方將蛋糕一切兩半，另一方則選擇自己該要哪一半。這樣，切蛋糕的人一定是努力讓兩塊蛋糕切得盡量相同大小，但是在現實中，誰都不可能將兩塊蛋糕切得完全一樣大，如果切出一大一小，那麼切蛋糕的人就會吃虧。如果兩個人都大度還好辦，如果兩個人都斤斤計較，那麼就會出現一種結果：誰都不願意先去切這塊蛋糕。於是又有了另一種分配蛋糕的規則。不妨假設蛋糕總量為 1，A 和 B 兩人各自同時報出自己希望得到的蛋糕的份額，如 3/4，5/8。這樣兩人報出的結果就會有無數種可能，但只有兩人報出的結果相加為 1，方案才能被通過，比如 A 報 1/2，B 報 1/2；A 報 2/3，B 報 1/3；A 報 5/8，B 報 3/8……依此類推。

從蜈蚣賽局中我們知道，如果 A 報 7/8，那麼 B 只能報 1/8，而 B 最好是接受這個結果，因為這是一次性賽局，如果 B 不接受，這樣僵持下去雙方都吃不到蛋糕，從理性人的角度來看這顯然不會出現。但是在真實的生活中，這種毫不利己專門利人的賽局參與者出現的機率近乎為 0。除非 B 有其他目的，否則絕不會將 7/8 的蛋糕拱手讓與 A，自己僅留下剩餘的 1/8。正常情況下，B 一定會要求再次分配，這樣一來，分蛋糕的賽局就不再是一次性賽局。問題是如果賽局一次次地進行下去，蛋糕就會融化，雙方還是一無所得，所以二人還得想辦法盡快達成一致，好把蛋糕吃到嘴裡去。

當分蛋糕賽局進入討價還價階段，賽局的基本模型也從最開始的靜態逐漸變為動態。這種動態的討價還價經常會出現在商界和政壇的賽局中，有關各方因總收益如何分配而產生矛盾，這個總收益其實就是一塊大「蛋糕」。在討價還價中，誰能占得便宜，這裡面還有一定的學問，我們從下面的案例中就可見一斑。

鮑勃是一個家族企業的唯一繼承人，可是由於他經營不善，導致企業資不抵債，一家人的生活也難以為繼，他不得不將家中祖傳的名畫拿到一家典當行去賣。這幅畫出自名家之手，鮑勃認為它至少值 5 萬美元，而典當行的鑑定師也估不準到底值多少錢，但他知道最多值 8 萬美元，不會再高於這個數了。

　　這樣看來，如果順利成交，名畫的成交價格將在 5 萬～ 8 萬美元之間。這個交易的過程不妨簡化為這樣：首先由典當行開價，鮑勃選擇成交或還價。這個時候，如果鮑勃同意典當行的開價，交易順利結束；如果鮑勃不同意典當行的開價而還價，所還之價典當行同意，則成交，不同意，則交易結束，買賣沒有做成。

　　我們不妨用解決動態賽局問題的倒推法原理來分析這個討價還價的過程。首先看第二輪也就是最後一輪的賽局，如果鮑勃不同意典當行的開價，只要他的還價不超過 8 萬美元，典當行最終都會選擇接受還價條件。

　　回過頭來，我們再來看第一輪的賽局情況，鮑勃會拒絕由典當行開出的任何低於 5 萬美元的價格，這是很明顯的。如果典當行開價 6 萬美元購買名畫，鮑勃在這一輪同意的話，只能賣 6 萬美元；如果鮑勃不接受這個價格而在第二輪賽局提高到 7 萬美元時，典當行仍然會購買這幅名畫。兩相比較，顯然鮑勃會選擇還價。

　　細心的讀者可以發現，這個例子中的典當行先開價，鮑勃後還價，結果賣方鮑勃可以獲得最大收益，這正是一種後出價的「後發優勢」。這一優勢在這個例子中相當於分蛋糕動態賽局中最後提出條件的人可以分得更多的蛋糕。

　　事實上，如果典當行懂得賽局論，就會改變策略：要麼

不先開價，要麼雖然先開價，但是聲明這是他的最終報價，如果鮑勃答應就成交，不答應就一拍兩散。這時候，只要典當行的出價不低於 5 萬美元或者哪怕稍低於 5 萬美元，鮑勃都會將名畫出手。因為 5 萬美元已經是鮑勃的心理價位，一旦不成交，他一分錢也拿不到，只能抱著名畫挨餓受凍。

賽局理論已經證明，當談判的過程是單數階段時，先開價者在交易中擁有一定的優勢；當談判的過程是雙數階段時，後開價者具有一定的優勢。

這在我們的生活中是非常常見的現象：非常急切想成交的，往往要支付較高的成本。正因如此，富有購物經驗的人買東西、逛街時總是不疾不徐，即使內心非常想得到某種物品，也不會在店員面前表現出來。而富有銷售經驗的店員們則總會強調「這件衣服賣得很好，這是最後一件，錯過了就沒有了」，好讓沒有經驗的顧客來不及討價還價就迅速購買。

美國心理學家、企業定位專家克里斯坦森（Clayton Christensen）認為，在商業談判進行到討價還價階段時，你一定要準備充分，爭取先報價。如果對方是談判高手，那麼你就要沉住氣，不要輕舉妄動，要從對方的報價中獲取資訊，及時修正自己的想法；但是，如果你的談判對手是個外行，那麼，不管你是「內行」還是「外行」，你都要爭取先報價，力爭牽制、誘導對方。

2. 不可忽視的時間成本

有這樣一則寓言：

從前，有兩個獵人一塊去野外打獵。當他們發現一隻大雁從頭頂飛過時，其中一個拉開弓瞄準大雁說：「我把牠射下來煮著吃。」另一個獵人聽到後，連忙勸阻道：「鵝煮著吃還可以，大雁應該烤著吃。」

兩人就煮著吃還是烤著吃爭論不休，看到遠處走來一位農夫，於是他們要農夫為他們評理。農夫覺得這個問題很好解決，只需要把大雁分成兩半，一半煮著吃，一半烤著吃。兩人認為有理，決定將大雁射下來，但這時大雁早已飛得不見蹤影。

其實分蛋糕賽局也是一個道理，假如討價還價的時間越拉越長，談判的對象——待分割的蛋糕就會開始融化，至少是隨著時間成本的增加，談判結果所得的收益在不斷減少。打比方說，你為了少花 50 塊錢買一件衣服而花上兩個小時討價還價，即便以你的價格成交了，實際上也是得不償失的，你因談判而耗費的兩個小時，實際上就是融化了的那部分蛋糕。

再比如在生活中，小兩口之間因假期去哪遊玩的談判所耗費的時間就是一種成本，同時，夫妻之間的爭執，對雙方心理的傷害也是巨大的。很多時候，夫妻之間的感情破裂、情侶之間的不歡而散，就是因為這種雞毛蒜皮的小事無法達成一致造成的。如果是情侶分手還好辦，如果是夫妻離婚，隨之而來的便是財產分割、孩子撫養等問題，這還會引起曠日持久的討價還價過程，需要耗費更多成本。這也就是說，任何討價還價的過程，都不可能無限制地進行。因為，討價還價的過程總是需要成本的。

在經濟學上，這種成本被稱為交易成本。在商業賽局中，假如一場談判曠日持久，即便最後達成合作，那麼賣家很可能已經失去搶占市場的機會，而買家則失去了使用新產品的機會。比如作家 A 有一本新書找出版社 B 出版，兩者在版稅及首印數上無法達成一致，導致談判久拖不決。等最終確定下來，卻發現市場上已出現同類題材的圖書了。市場上有同類題材的書，就意味著即使你的書出版，市場占有率也會相對縮小。而被其他出版者搶先的市占率，恰恰就是作家 A 與出版社 B 在談判過程中融化的「蛋糕」。理性的人們都知道這個道理，因此參與談判的各方無不願意盡快達成協議。

假如談判雙方都為了得到一個更有利於自己的結果而始終堅持，不願意妥協，很可能最後得到的收益抵不上為談判

而支出的成本。狄更斯在著作《荒涼山莊》（*Bleak House*）中就描述了這樣的極端情形：圍繞荒涼山莊展開的爭執變得沒完沒了，以至於最後整個山莊不得不賣掉，用於支付律師們的費用，而爭執的雙方由於各不相讓，最終什麼也沒有得到。

在解決企業乃至國際關係中的爭端時，如果雙方不考慮時間成本，長期僵持下去，同樣會陷入兩敗俱傷的境地。比如企業與工會無法達成薪水協定就會引發罷工，那麼企業將會失去利潤，工人將會失去工作，沒人能得到好處。同樣，假如各國陷入一輪曠日持久的貿易自由化談判，他們就會在爭吵收益分配的時候，賠上貿易自由化帶來的好處。

談判是一種像跳舞一樣的藝術，參與談判的人應該盡量縮短談判的時間，盡快達成一項協議，以便減少耗費的時間成本，從而避免損失，維護各自的最大利益。正如班傑明·富蘭克林所說：「記住，時間就是金錢。」只有懂得節省時間成本，高效、合理地利用時間，才能成為時間的主人。

3. 假意放棄，以退為進

　　我們已經知道，如果「分蛋糕賽局」是重複賽局的情景，則談判將會變得曠日持久；而如果把這個賽局變成一次性賽局，則情形就會相對簡單許多。這種情況下，提出分配方案如果有合作的誠意，他通常就會考慮對方的需求，提出一個較為合理且能為雙方都接受的方案。

　　談判的最終目的是達成合作，因此，一個優秀的談判者從來不把談判當作一場爭奪利益的鬥爭，而是把談判看作是一個經營合作的事業。前面一章中已經提到，如果在一個類似談判的賽局中一方只考慮自己的利益而不顧及對方的利益，對方一定不與你合作。因此，在談判中適當地做出妥協，實際上對於談判者來說常常是更好的策略，至少這使得談判破裂的風險下降了不少。

　　妥協是促成合作的一個方法，而談判中有時也會使用到與妥協相反的方法，那就是宣稱絕不妥協來嚇唬對方。比如有些情況下，談判的一方會向對方宣稱：「要麼你們在協議上簽字，要麼我們宣布談判破裂。我們已經不會再讓步，也不想再奉陪了。」這實際上是一個最後通牒式的提議，因為

對方現在只有做出同意或不同意的選擇。比如一個人在買東西討價還價時，一旦就價格問題與店主達不成一致而轉身欲走時，往往店主會接受你的價格，或者報出更低的價格以圖讓你接受。每個人都經歷過討價還價，對類似於下面這樣討價還價的模式都不會陌生。

顧客：這件衣服多少錢？

店主：1,400元。

顧客：太貴了，便宜點吧？

店主：你預算多少？

顧客：400元。

店主：怎麼可能，成本都不夠。這是名牌，現在很搶手的。有誠意買的話，1,000元賣給你。

顧客：不買！哪裡值1,000元？這、這，你看這做工，太粗糙了！400元我就買了。

店主：算了，800元，真的不能再少了。不賺錢賣給你一件！

顧客：這麼貴，算了，我還是不買了。（轉身欲走狀）

店主：……（無動於衷狀）

顧客：……（真的走了，但故意走得很慢）

店主：唉……你要是真的想買，600元賣給你！沒有比這再低的價了。（氣急敗壞狀，邊說邊裝衣服）

顧客：600 元就 600 元吧！真是的，老闆真會做生意，連個叫車的錢都不讓我省下！（一臉不情願的無奈狀）

由此我們可以看到，「轉身離去」有時的確可以影響到討價還價的結果。但是，它仍然存在兩個不可忽視的問題，一個問題是若使用不當則可能強化對立情緒，發生言語或肢體衝突；另一個問題是這種做法是不可置信的，尤其是當談判破裂對於「轉身離去」的人本身不利的時候。

那麼，怎樣才可以使你的策略變得可信呢？一個有效的辦法就是形成一個強硬的聲音，而使得策略是真實可信的。比如許多大學教授都立有這樣的「鐵規」：拒絕給學生補考的機會，拒絕接受遲交的作業或者論文。這些教授因此會被冠以「無情」、「冷血」、「索命」等「名捕」的稱號，但這對於教授們而言恰恰是最佳策略。因為學生一旦發現教授「好說話」，他們就會不認真準備考試、不按時上交作業與論文，考試與截止日期都將會失去意義。因此，「絕無半分通融」是教授所能採取的最好辦法，因為學生既然知道教授毫不留情，所以只好乖乖地自己努力。

談判專家認為，逼近的時間臨界點最容易讓人們做出妥協。在談判中假意放棄合作的行為，實際上是留給對方一個考慮時間，在時間壓力下，原本在意的事情會顯得「無關緊要」，一旦時間壓力解除，個人注意力才會全面回歸，而此時，很可能錯誤已經鑄成。

4. 充分利用手中的籌碼

　　崇禎二年（西元 1629 年）十月，皇太極避開防守在山海關一帶的袁崇煥，親率大軍從西路進犯北京。袁崇煥得訊火速率兵回師勤王。皇太極打不過袁崇煥，於是施用反間計使崇禎懷疑袁崇煥通敵，崇禎不辨真假，於敵軍兵臨城下之際將相當於北京城防總司令的袁崇煥下獄，然後派太監向城外袁部將士宣讀聖旨，說袁崇煥謀叛，只罪一人，與眾將士無涉。

　　袁崇煥部下眾兵將聽聞此訊，在城下大哭。祖大壽與何可綱驚怒交集，立即帶了部隊回錦州，決定不再為皇帝賣命了。當時正在兼程南下馳援的袁崇煥主力部隊，在途中得悉主帥無罪被捕，也立即掉頭而回。

　　崇禎見袁崇煥的兵將不理北京的防務，驚慌失措，忙派內閣全體大學士與九卿到獄中，要袁崇煥寫信招祖大壽回來。袁崇煥雖然心中不服，但終究以國家為重，寫了一封極誠懇的信，要祖大壽回兵防守北京。這時候祖大壽已率兵衝出山海關北去，崇禎派人飛騎追去送信。追到軍前，祖大壽軍中喝令放箭，送信的人大叫：「我奉袁督師之命，送信來

給祖總兵，不是朝廷的追兵。」祖大壽接過來信，讀了之後捧信大哭，眾兵將都放聲大哭。這時祖大壽之母也在軍中，她勸祖大壽說：「本來以為督師已經死了，我們才反出關來，謝天謝地，原來督師並沒有死。你打幾個勝仗，再去求皇上赦免督師，皇上就會答允。現今這樣反了出去，只有加重督師的罪名。」祖大壽認為母親的話很有道理，當即回師入關，和清兵接戰，收復了永平、遵化一帶，切斷了清兵的兩條重要退路，皇太極被迫全線撤退。

按祖大壽的想法：「我是袁督師的部下，督師令我回師保衛北京，我二話不說就率兵回來了，皇上應該因此放了袁督師吧！」可是事與願違，打退清軍之後，崇禎沒有如祖大壽等人所願放了袁崇煥，最終還是對袁崇煥處以凌遲酷刑。可見祖大壽當初回師北京的策略是錯誤的。

那麼祖大壽錯在什麼地方呢？顯然，在這裡，崇禎把袁崇煥給祖大壽的親筆信當成了與祖大壽談判的籌碼，可是祖大壽卻沒有好好利用自己討價還價的能力。祖大壽討價還價的能力是什麼呢？此時崇禎唯一害怕的就是清軍攻入北京城，而只有他手上的這支軍隊才能解除北京城的危險。只要清兵一天不退，崇禎就一天不敢殺袁崇煥，因為這時殺了袁崇煥，則袁部將士必將不再保衛京師。此時如果祖大壽以「不釋放袁崇煥，薊遼將士絕不奉詔」來要挾崇禎，或許

可能迫使崇禎釋放袁崇煥，由他率兵退敵。而祖大壽之母的主張，實際上就是在自己有討價還價能力的時候不去討價還價，而等失去討價還價能力的時候再向對方提要求。如果對方是君子還好，如果對方是小人，那麼他自然不會再讓步。事實也是如此，皇太極撤兵後，祖大壽上書皇帝，願削職為民，以自身官階及軍功請贖袁崇煥之「罪」；袁崇煥部將何之璧率同全家四十餘口到宮外請願，願意全家入獄換袁崇煥出獄。但此時強敵已去，崇禎再無顧忌，對祖大壽等人所請一概不准。

如果你想使一件事情的結果按照你預想的方向發展，那麼你就應該預見你所採取的行為可能帶來的惡果，並且趕在自己還有討價還價能力的時候充分運用。比如一個客戶要求某廠家趕製一批設備，那麼廠家一定要在正式開工前把各種條件都談妥，如果把工作完成了再去與客戶談條件，你將可能處於極其不利的位置，至少你已失去了談判中的討價還價能力。

「花開堪折直須折，莫待無花空折枝」，如果把這句唐詩用在討價還價中，我們就可以解讀為：一定要趁你還有討價還價資本的時候運用它，等到你失去了這種資本，你開出的條件將很難再會被對方所考慮，你將在這場賽局中獲得最小的收益。

5. 要想贏得談判，必須適當做出讓步

　　爭吵中的雙方，如果有一方做出了妥協和退讓，那麼這場爭吵很快就會結束，對於雙方都有好處。如果雙方都爭執不下，沒有一方肯讓步，那麼爭吵就會無休止地進行下去，最後雙方都會筋疲力盡。

　　談判有的時候跟爭吵十分相似，都是為了自己的利益而討價還價。如果雙方都不肯退讓，那麼就無法達成合作協議。長期爭執不下的談判，對於談判雙方來說都是極大的損耗，因此很多大公司都會及早退出那些對自身毫無積極意義的談判，以避免更大的損失。

　　在某大公司旗下的連鎖超市於新城市開業時，供應商紛紛與其聯繫。布蘭奇身為一家不知名品牌的代表，與該超市展開了進店洽談。

　　整個談判無疑是艱辛的，對方的要求簡直可以用苛刻到離譜來形容，而且，他們還要求長達半年的帳期。布蘭奇向公司提出建議：「若對方堅持如此，就應放棄合作。」

　　誰料想，在談判擱置期間，對方的採購經理打來電話：

「我們希望貴公司可以提供一套現場製作的設備，以期在開業活動期間吸引更多的消費者。如果貴公司同意，那麼合作應該不成問題。」當時，布蘭奇恰好有一套設備閒置在庫房中，可是，他卻沒有當即痛快地答應，而是提出了交換條件：「我會盡快向公司匯報此事，爭取在最短的時間內回覆您。不過，如果您能向我們提供一個更合理的貸款帳期的話，我們的合作將會更愉快。」

最終，布蘭奇贏得了一個平等的合約，而超市也因為現場製作設備的引進，吸引了更多的客流。

談判的目的就是為己方爭取到最大的利益，但是，如果你逐漸發現談判開始朝著不利於自己的方向發展，甚至到了若不退讓談判便無法繼續下去的地步時，你便必須要對自己的讓步進行規劃。

談判中能夠做出的讓步是非常有限的，一旦觸及利益底線，那麼，和解便沒有存在的必要性。若你的產品成本是 12 美元，但對方卻一定要求以 10 美元成交，此時，你的退讓便顯得沒有價值了，它已經超出了你的承受極限。所以，讓步策略往往會比前進策略展現出更大的剛性。

賽局心理學專家認為，想要透過談判達到合作的目的，雙方有必要做出適當的退讓，制定退讓策略時應考慮以下幾點：

（1） 明確讓步的節奏

若在最開始出現談判困境時便採取大步退讓的話，會令對方對退讓產生「抗藥性」。在大多數時候，同一種方式的讓步多次運用往往會失去其效果，當你在之前採取了降價後，隨後的談判中，除非你能夠給出更大幅度的降價，否則你的退讓只會使對方失去興趣。

同時，有些談判者在參與談判時往往會抱著「越多越好」的策略展開談判，在這種情況下，就算你不斷地讓步，對方也會不停地要求，就如同饕餮一樣，永不知足。所以，當你決定讓步時，有必要採取一定的策略：

○ 讓步力度只能按「先小後大」的步驟進行，一旦止步的力度與談判節奏不符合，那麼，之前的爭取便會失去價值；

○ 讓步需要按一定的層次差別展開，這次讓步了價格，再需要讓步時，就可以在貨運、品質上提出建議。

（2） 讓步一定要有限度

美好的東西看多了，便會變得普通，這種心理疲勞同樣存在於談判中。每一次讓步只能在談判中的某一個階段產生作用，它往往是針對特定的人物、事件與階段產生作用的，所以，不要期望你可以滿足對方的所有意願。在那些重要的

問題上，你的讓步必須要進行嚴格的控制，至少，你應該讓對方感覺到，從你的手中獲得的每一分利益都是難得的。

（3）選擇恰當的讓步時機

過於隨意的讓步往往會使讓步變得毫無價值，且會使對方的胃口越來越大，長此以往，便會使自我主動權喪失，引發談判失敗。讓步需要在恰當的時機做出才會顯得有價值，但是，在真實的談判過程中，讓步時機的選擇往往會顯得極有難度。不過，在以下時機做出讓步是非常有必要的：

○ 對方主動暗示，若你做出讓步，便可得到一定的利益，而這些利益恰恰是你需要的；
○ 對方強調，若不讓步就要離開談判桌，但這次談判對你又很重要時；
○ 對方變得憤怒，而你們的關係對你來說又非常重要時；
○ 當對方的確要對你的「不讓步」做出對你不利的行動時。

（4）進行讓步評估

「讓步越多、報酬越多」在談判桌上是一種虛妄的想像，所以，應現實地評估你的讓步所產生的具體價值。在讓步以後，你應及時對自己的讓步投入與自我期望效果產出進行對比分析，只有當以下情況成立時，讓步才是有價值的：

○ 讓步對整體目標的達成有幫助；

○ 讓步投入的價值比它所產生的積極效益小；

○ 讓步讓你獲得了更多的現實利益。

（5）讓步時態度要果斷

拖泥帶水、留下餘地的讓步只會讓對方升起想要更多的貪慾，在退讓時，你的態度一定要果斷而堅決，並告訴對方你的讓步目標。

若你的對手缺乏耐心，你可以採用「一次性讓步」，使對手再無前進的可能性。若你遭遇的是有毅力的耐心型對手，你應更多地採用穩健、謹慎的「分步讓步法」，就如同擠牙膏一樣，不斷地與對方討價還價，使讓步的數量、速度呈現出平均、穩定的狀態。

談判中，你不可能永遠保持前進的姿態，所以，讓步才會顯得如此重要。也恰恰是因為讓步策略是為總體目標服務的，所以，讓步需要更慎重地處理。成功的讓步總是能夠造成以犧牲局部小利益換得整體大利益的作用，當你想要衡量自己的退讓是否值得時，只需要思考一個問題：我離目標更近了嗎？

第十章

賽局鍛鍊心智，成熟面對「得失」

我們如何看待賽局的結果？如果一個人不懂得正確看待賽局的結果，他就無法從中吸取經驗，並將寶貴的經驗轉入下一場賽局過程中，這樣的賽局是無益的、無效的。一個成功的賽局者能夠在賽局過程中抓住機會鍛鍊自己的心智，正確面對「得失」，從而獲得更多的現實經驗和情感體驗。

1. 不是每場賽局都得決出勝負

　　賽局的過程起伏跌宕，能夠獲得勝利固然重要，但並不是每場賽局都得決出勝負。如果在工作生活中太爭強好勝，就很可能無法好好享受生活，無法體會人生的快樂和甜蜜。生活中有不少這樣的人。

　　每年到了大年三十，大多數家庭都能和和美美地團聚在一起守歲，但是就是這個時候，有些小夫妻還要面臨著一場賽局。很多結婚沒幾年的小夫妻會為了去誰家過年的事煩惱，如果沒能達成一致的意見，還會發生爭執。孝敬父母是每個兒女都應該做的，想回家陪著自己的父母是人之常情，但很多小夫妻在外地工作，一年到頭可能只有春節時才能回家。豈料在這件事情上還要和伴侶進行一場賽局，只有賽局勝利了才能回自己的老家。結婚之前，戀愛的雙方不存在這個問題，每到過年各回各家，除非決定要結婚了，才要商量著先去誰家拜見父母。但結婚之後，小夫妻就必須面對今年過年回誰家的問題。

　　假設有這樣一對十分恩愛的夫妻，丈夫 A 與妻子 B，他們畢業後留在臺中工作，在臺中結婚。A 的家鄉在臺北，B

的家鄉在高雄，結婚後的第一個春節，他們就面臨著要去誰家過年的選擇。由於兩個人都是獨生子女，平時又很少有機會回家看父母，所以想回家的意願都很強烈。他們也都非常孝順，希望能帶著愛人回家鄉過年，讓父母和親戚朋友都知道自己現在過得很幸福。

有些人會說，那還不好辦？各回各家不就行了！但問題是，A 與 B 是一對剛結婚不久的恩愛夫妻，他們都不希望分開過春節，單獨回家過年肯定沒有兩個人一起回去快樂，而且那樣一來父母還會懷疑他們夫妻之間感情出了什麼問題，會問：「為什麼不把你老婆（老公）帶回來啊？」

我們來分析一下，兩人有幾種策略選擇：

○ 第一種選擇，B 妥協，兩人回 A 家過春節，設定 A 的滿意度為 10，這時 B 的滿意度只有 5。

○ 第二種選擇，A 妥協，兩人如果回 B 家過春節，設定 B 的滿意度為 10，這時 A 的滿意度為 5。

○ 第三種選擇，雙方意見實在無法達成一致，堅持各回各家，或者兩人一賭氣索性誰家也不回了，那麼他們誰都無法過好春節，各自的滿意度為 0，甚至可能成為負數。

按照他們兩人恩愛的情況來判斷，第三種選擇應該不會出現，兩人既然感情好，就總有一方會妥協。

第十章

賽局鍛鍊心智，成熟面對「得失」

・・・・・・・・・・・・・・・・・・・・・・・・・・・・・

　　根據賽局論中的優勢策略，兩人做出選擇的原則應該是：無論對方選擇什麼，我選擇的策略總能使我獲得最大利益。然而我們在這個「春節回誰家」的賽局中，看不到哪一方能做出絕對的優勢策略。回臺北過年不是 A 的優勢策略，因為如果 B 堅持要回高雄，A 不妥協，依然堅持回臺北的話，自己的滿意度只會為 0。如果他願意妥協，選擇和 B 一起回高雄，還能保有 5 的滿意度。可見對於 A 來說，不存在優勢策略這一情況，他的策略只能參考 B 的態度來確定。同樣的道理，B 也沒有絕對的優勢策略。

　　由此我們可得出結論：在這樣一場賽局中，A 只能根據 B 回高雄過年的態度有多堅決，B 也只能根據 A 回臺北過年的態度有多堅決，來做出自己的選擇。也就是說，在這種賽局局面裡，夫妻雙方都不一定非要分出個勝負來，只有兩人一起回臺北過年或者一起回高雄過年，才是最好的選擇。這樣的奈許均衡能取得一方絕對滿意、另一方相對滿意的結局，從而避免了雙方都不滿意的情況出現。

　　倘若兩人都很執拗，非要對方聽自己的，誰也不願妥協，那得到的就是最差的結果。之所以要在賽局局面裡取得奈許均衡，是因為現實生活中會經常出現這樣的賽局，當自己的利益與他人的利益，尤其是與自己關係親密的人發生衝突時，你應當設法調整策略，假如眼前的局面不可能使你獲

258

得最大限度的利益，那麼就退而求其次，儘管退了一步，也比讓雙方都什麼也得不到的結果要好。

而且，這種類型的賽局可能是重複賽局，你在這一次損失了一部分利益，那麼有可能在下次賽局中得到補償。例如今年妻子答應了陪丈夫回家過年，那麼明年丈夫陪妻子回家過年的可能性大大增加。

如此看來，學會妥協和退讓並不會讓你獲得最差的結果。

再來分析一下夫妻離異時的賽局案例：當一對夫妻選擇了離婚，且讓法院裁定財產分配、孩子的撫養權等問題，財產分配問題可以透過標準賽局方式得到解決，但孩子的安置問題無法透過標準賽局方式來解決。因為一次性的司法裁決可以結束財產賽局，例如：一棟房屋被判歸某一方，基金、股票等進行了分割，家具被分配等等，這場賽局就結束了。但對於孩子來講，儘管法庭將此類安置問題作為一個標準式賽局來執行，例如採用讓夫妻雙方進行談判、心理評估、監護研究、訴訟和其他環節來進行比較，法院最後會做出裁定方案。表面上看來這場賽局也告終了，但在具體生活中，父母仍然要進行賽局，以求取得不同的收益，例如由誰來決定孩子的學校、看病的醫院、補習班等。

如果夫妻雙方在孩子的安置問題上出現了嚴重的分歧，

非要分出一個勝負來，讓對方聽從自己的安排，讓孩子遵照自己的安排來和對方保持某種距離的來往，可想而知，孩子的身心都受到了最大損害。

在孩子的生活中，父母進行的就是一場無限重複賽局，法院的標準式賽局事實上干預了父母在實際生活中普遍進行的擴展賽局。選擇標準賽局方式並不利於解決問題，真正為孩子著想的父母會主動放棄一部分監護權，提供孩子與另一方相伴的機會。通常父母陷入的賽局過程在本質上有成千上萬個決策，這就變成了無限重複擴展賽局，許多現實生活中的決策要求父母雙方一起介入，才有可能妥善實施。

總而言之，一旦我們陷入與自己有著親密關係對象的賽局局面中，不如將「得失」看得淡一些，多為家庭的大局著想，多為孩子和伴侶著想，才能最大限度地贏得和諧美滿的生活。

2. 賽局的意義在於過程

　　如果你沒有得到一個好的賽局結果，但卻從整個賽局過程中獲得了經驗、學識、教誨甚至快樂，那麼這場賽局對於你來說，仍然是具有積極意義的。換句話說，賽局的意義在於過程，有時太看重結果反而並不能得到最好的結果。

　　女同學 C 和男同學 D 在一個班級讀書，兩個人原先的成績不相上下，在國小時各門功課都很不錯，但算上不拔尖。考上了現在的國中實驗班後，C 在第一個學期的成績也保持得不錯，每次考試的分數處於中上等，她就覺得自己不錯了，雖然上課認真聽講，但課後不複習，回家後寫完作業的時間都用來玩。而且，她發現這樣讀書也能考得不錯，於是開始不願意寫作業了。老師問她為什麼作業只寫一半，她的理由是：我都會了，還用得著做練習嗎？D 也是特別聰明的孩子，但有的時候缺少一點小聰明，不是總能拿高分。他也不總和班上的前幾名比，每天堅持按照老師的要求，認真地完成每份作業，就算是已經滾瓜爛熟的知識點，也認真複習，從不懈怠。這兩個孩子，誰將來的潛力更大呢？

　　當時在班上，老師會替每個學生評定操行分數，也就是評估道德品行的標準，每個人的基礎分有 80 分，如果做了錯事就扣分，做了好事則加分。這個規則，能夠很好地考核學生的日常行為習慣，當然這也只是考核學生行為習慣的方式之一。C 不愛做作業，別人複習時，她就去玩。老師一而再再而三勸說她，但她就是不聽。後來，她還經常得意地對同學說：「我才不做練習呢，考試的前幾天我多看一點書就行了，一樣能考高分！」她對自己的要求也不夠嚴格，不想考第一，認為只要能考入前十就足夠了。結果，C 的操行分數因為缺勤、不做作業被扣到了 60 分，險些不及格。D 提醒 C 在這個時候趕緊好好表現來求得加分，但 C 還是一副不在乎的樣子，操行分數扣到不及格也無所謂。

　　等到評比模範生的時候，班上同學一致推舉 D，而 C 只得到了極少的票數。這時她開始有危機感了，接下來她在讀書上也遇到了困難。過去她總是追求高分的結果，對於解題過程不加注意，能蒙對猜對題目的情況越來越少，因為學科的知識點變難了。後來的一次考試，讓她徹底得到了教訓，因為學校評判卷子的標準發生了一些改變，每道解答題會按照步驟給分，光答案正確但沒有詳細的步驟，是得不到滿分的。結果，那一次考試，D 的數學考出了全班最高分，C 卻只得到了 70 分。

在學校裡，老師告訴學生一定要搞清楚解題的過程，其實是為了培養學生分析事物的能力，發展他們發現問題的能力。這些能力不是簡簡單單就能形成的，也許有時候耍小聰明能夠得到正確答案，但缺乏分析能力，且不善於發現問題的孩子，不容易吸收並消化更多的知識。只有當你形成了一個科學的思維模式，學習時便能夠發現知識點之間的關聯，發現不同類型的習題如何區分開來處理，這樣即使遇到從未見過的題型，也能一步一步推出正確結論，也就不用死記硬背解題過程了。

試想一下，如果簡單的問題你都不會分析，複雜的事情就更不懂得如何分析了。在我們的生活中，遇到的問題都是逐漸複雜起來的，因此你應當沉穩地面對賽局，努力培養自己的各種技能，不要跳過學習的過程，要努力提高分析能力，這樣就能在各種賽局過程中得到更大的收穫。

這個道理也能用來解釋，為何有些人投資會成功，有些人投資總是失敗。

要修練高明的投資手段和精準的眼光，首先不能只關心結果。投資是一種風險決策，當一個投資項目的正期望值越高，就說明這是一次好的投資機會。但即使是好的投資機會，也不是每個人都能賺得到錢。投資的過程很像是在進行牌局賽局，這一次你如此出牌，結果輸了，其實並不代表你

出牌的方法錯了，很可能是你碰到了一次小機率事件；當你下一次遇到同樣的局面時，應當繼續按同樣的方法出牌。簡單來說，不能單憑結果來判斷自己的投資手段是否正確。一次失敗就把你打垮，這可不行。另外，由於理論上投資都是有風險的，所以我們在投資時必須做好風險控制，只有具備了良好的風險控制能力才能成為贏家。

事實上，投資不需要極高的智商，更不需要掌握太高深的理論。對此，彼得‧林區（Peter Lynch）曾說：「哲學、歷史學得好的人比學統計學的人更適合做投資，因為投資要做得好，關鍵是心態要好、性格要穩，急躁、心理脆弱、情緒波動大的人是不適合從事證券投資的。」將這個觀點放大來看，就是說投資的人應當擅長總結經驗，懂得思考，能夠從失敗當中摸索出門道，每一次的賽局過程對於他們來說都是有益的。所以，我們應當更看重投資的過程，而不是結果。

單筆交易的得失並不重要，如果你在投資時能夠注重過程的正確，就有可能成功。畢竟在股市中，影響股價變化的因素太多，不能預料到的情況也太多，任何人都不能以一兩筆交易來衡量成敗。正因為投資充滿了變數，所以根本不用去費心預測短期的行情波動，精確到具體個位數值也是沒有必要的，天天看盤，一週看市，其實都沒太大意義。實際

上，你只要能夠掌握股市最粗線條的大趨勢，你就擁有了大智慧，能夠博得長期的勝利，而不是短期的收益。

而且不同的人承擔的風險不同，例如這個人對某一支股票有著充分的了解，其所承受的風險自然要比不了解的人要小，獲利的機率也就相應提高了。

當我們面對每一場賽局，都能運用「先為不敗，然後方可求勝」這一孫子兵法中的金玉良言，你定然能夠厚積薄發，而後一鳴驚人。

3. 公平不等於平均

　　每個人都會有感到委屈的時候，我們覺得委屈，對勝負輸贏難以釋懷，多半是因為受到了不公平的待遇，或者得到了不公平的賽局結果。但是，絕對的公平存在嗎？

　　這裡要講到一個賽局論中的重要理論：公平≠平均。

　　以下面這個典型的事例來做分析：

　　傑克和湯姆是好朋友，這一天結伴去郊外遊玩。到了吃午餐的時候，兩人都把各自帶的食物拿了出來，很巧的是，他們帶的午餐都是披薩。只不過傑克帶了3塊，湯姆帶了5塊。他們把各自的披薩拿出來準備一起分享，這時，有一個路人走了過來，是經過這裡的遊客。這位遊客看到他們正在共用午餐，於是客氣地詢問道：「打擾了親愛的朋友，我走了很久，這附近沒有餐廳，而我什麼吃的東西也沒帶，現在餓極了。我看你們的午餐很豐盛，所以想問問你們願不願意分一點食物給我呢？」

　　聽了遊客的這番話，傑克和湯姆相互看了一眼都笑了，立刻回答道：「可以啊，你就來和我們一起共享這8塊披薩

吧！」因為三個人都餓了，他們很快就將這8塊披薩吃完了。遊客準備跟他們告別，臨走時他為了表達自己的感激之情，送給了他們8個金幣。就是針對這8個金幣的分配問題，傑克和湯姆發生了爭執。他們雖說是非常好的朋友，但在利益面前，都露出了自私的一面。

兩人對於怎樣分配這8個金幣，各執一詞。

湯姆這樣對傑克說道：「我帶了5塊披薩，但你只帶了3塊披薩，所以按照這個比例來算，我應該分到5個金幣，而你就應該分到3個金幣。」傑克對這個分配方案不是很滿意，於是反問道：「但是這8塊披薩是我們三個人一起吃完的，就應該平分這8個金幣吧！我和你應該每個人4個金幣。」

於是，兩人為此爭吵了很長時間，最後也沒有達成協議。後來傑克提出建議，說要去找公正的夏普里來決定如何分配這8個金幣，讓第三方來幫他們做出決定。夏普里聽說了這件事情後，笑著對傑克說道：「孩子，你為什麼不答應傑克提出的分配方式呢？要知道，湯姆答應分給你3個金幣，你已經占了便宜，應該心存感激才對。如果你非要公平分配的話，你所得到的就應當是1個金幣，而不是3個金幣。相反，湯姆應當分得7個金幣，而不是5個金幣。」

聽到夏普里這樣說，傑克疑惑地問道：「不是吧，為什

麼我只能得到 1 個金幣呢？至少我也該有 3 個金幣吧。」

公正的夏普里這樣對他們兩人解釋道：「首先，你們要清楚最關鍵的一點：公平的分配並不是平均的分配，公平的分配必須建立在一個重要標準下，那就是要考慮當事人所得與其所付出的比例。遊客、傑克和湯姆三人一共吃了 8 塊披薩，在這 8 塊披薩中有傑克的 3 塊，有湯姆的 5 塊。你們三個人的飯量都差不多，也就是說每個人都吃了 8 塊披薩的 1/3，也就是 8/3 塊披薩。在遊客所吃的 8/3 塊披薩中，其中傑克帶的披薩占了 3 － 8/3 ＝ 1/3，而湯姆帶的披薩占了 5 － 8/3 ＝ 7/3。如此可以得出結論：遊客所吃的披薩中，湯姆的披薩所占的比例是你的 7 倍。按照公平分配的原則，湯姆分得的金幣比例應該是你分得金幣的 7 倍，由此計算得出的結果是：你分得 1 個金幣，湯姆分得 7 個金幣。」

傑克和湯姆兩個人聽了夏普里的解釋，都覺得有道理，於是傑克得到了 1 個金幣，湯姆拿到了 7 個金幣。試想一下，如果傑克不是那麼貪心，接受了湯姆的提議，其實能得到更多的金幣。他心裡所要求的「平均」其實和實際的公平分配並不相同。

我們透過這個故事可以得出結論，公平不等於平均。

當你發現別人的薪水比你的高一些，當你發現年紀大的員工比你的分紅多一些，當你發現主管對你的重視不如對其

他人多時，你不應該憤慨，而應該用夏普里的計算標準來檢查自己的所得。同時，我們也明白了所有的公司、企業都要對員工實行職位責任制、實施績效考核的原因。因為這些才是保證分配的公平的規則。完全要求平均分配的機制，並不能實現公平。

4. 心靈的成長最重要

你有沒有思考過這樣一個問題：在每一次賽局過程中，最佳策略選擇是不是忠於你內心的希望和想法？

「是」或者「不是」。如果你的最佳策略選擇，不是忠於自己內心的希望和想法而實現的，你可能無法在最終的賽局結果中得到你真正想要的東西。這也就是為什麼人們要討論這樣一個問題，因為在賽局過程裡，心靈的成長其實比能力的提高更為重要。

在這個世界上，有種種倫理道德規範和約束，這些規則的建立，是為了幫助人們更好地發現內心的願景，讓符合現實的決策來成就一個和諧美好的世界。現今社會，大家所看到的道德倫理約束、法律法規存在的目的，是為了讓人們在生活中能夠更好地對待彼此，從彼此身上獲得愛和快樂。每個家庭、個人將在這些普遍存在的規則中建立自己的生活標準、工作原則，用這些標準或邏輯規則來衡量自己的身心，豐富內心，提高心靈的純淨度和堅韌度，以便更好地維持各種賽局關係中的平衡，讓自己的行為進入一個持續性的良性循環。

存在主義哲學將「選擇」視為最主要的命題，這與人本主義心理學將自我實現視為最高價值的觀點如出一轍。這兩種理論都認為，人的「存在」與「選擇」的關係是，你選擇了，你才真正存在過。說通俗一點，人要有自主進行決策的機會和權力，如果你總是被他人選擇，那麼你就無法實現自身的價值。由此，我們在面臨選擇時，是否應當完全按照自己的意志來做出決策，他人的意志與自己的意志產生衝突時，我們應該如何做。

這也是一個在生活中常見的命題，其關鍵問題在於，很多人喜歡把自己的意志強加在別人身上卻不自知，還認為這是無比正確的做法。還有哲學家認為，一個生命存在的過程，就是自己不斷地與別人的個人意志做較量，進行賽局的過程。別人可能會把意志強加給我們，我們也會將意志強加給別人。而且，當人們在做選擇時，通常不會感覺到將意志強加到了他人身上，卻能夠感受到別人將意志強加在了自己身上。當意志發生了這種強加的行為，你最常聽到的說辭是：「我這樣做，是為了你好啊！」

是不是真的為對方好，其實不是由做選擇的人說了算，而是由被選擇的人說了算。關於這個問題，以色列哲學家馬丁·布伯（Martin Buber）指出，不管你是有心還是無意，只要你將對方視為實現既定目標的對象和工具，那麼即使你

的目標再好、再偉大，也實際上都給對方造成了一定程度的傷害。

這其實是最隱蔽的心靈賽局的過程。

羅伯特·費雪（Robert Fisher）著名的寓言小說《盔甲騎士》（*The Knight in Rusty Armor*）中描述了這樣一段故事：

一位騎士對導師梅林說：「我很愛自己的妻子和兒子，我所做的一切都是為了他們著想，但是他們一點反應都沒有。」這時梅林反問了他一句：「你有沒有把需求當作愛？」騎士想了想，恍然大悟，原來他應當由心而發地「愛」妻子和兒子，不論妻子和兒子是否回報自己，自己都應當一如既往地「愛」他們。

他之所以會覺得沮喪，是因為將妻子和兒子當作了自己愛的對象和工具，說簡單點，騎士只是將自己的意志強加在妻子和兒子身上。所以儘管他很愛自己的妻子和兒子，卻沒有真正從他們的角度來審視自己的所作所為，因此妻子和兒子對他的愛沒什麼反應，因為騎士的某些行為看起來是「愛」，實際上卻傷害了他們。

我們在生活中要避免犯下這種錯誤。舉一個淺顯的例子，當你愛上了一位美麗的女孩，對她展開了猛烈的愛情攻勢，但她對你沒有感覺，不斷地拒絕你的示愛。你卻不願意放棄，即使她尋找到了合適的男友，也仍然默默關心著她，

時不時傳簡訊給她，送禮物給她。你認為自己這樣做，能使她擁有更多的幸福和快樂，如果她和男友吵架，你還可以適時出來幫助她、安慰她。但你有沒有想過，自己的行為會造成她的困擾，她會因為你的緊追不捨而感到為難，不忍心對你強硬到底，結果有可能因為你的緣故與男友吵架。這時你本著犧牲自己的精神去安慰她。你以為自己很偉大，然而她當真需要你的這種自以為是的「愛」嗎？從頭到尾，你都在不斷動搖她、擾亂她，把自己對愛情的嚮往強加在她的身上，而忽略她真正的需求。

　　如果你當真愛她，真的為她好，就該遠遠離開她。

　　作為被選擇者似乎是被動的，有時還是不幸的，不過自己給自己的人生做決定，就意味著你必須為自己的決策負責，如果你因為自己的選擇得到了不好的結果，例如受到了感情傷害、欺騙，不要怨天尤人，不要一味地沉溺在「這個負心漢／拜金女太可惡了，害得我這麼慘！」這種言論中。要知道，當初選擇他的是你，認可他的是你，相信他的也是你。很多人懼怕擔負選擇責任，於是寧願被別人決定，例如無法判斷男友是否有前途，就聽從父母的安排，嫁給了見過幾次面的富家子弟。因為別人都說這個人條件好，於是女孩就對自己說：「好吧，既然他們都這樣認為，那我就聽從多數人的意見吧。」

而當被別人決定了，自己獲得的還是不好的結果，你這次又該埋怨誰？

為了增加賽局的勝率，為了不讓自己後悔，我們還是應當正視選擇，勇於在賽局的過程中考驗自己的心智，讓心靈得到成長和鍛造。

人本主義心理學的代表人物羅傑斯（Carl Ransom Rogers）認為，想要滿足自我實現的需求，就要成為自己。也就是說，在每次做選擇時，你是不是在做自己？

倘若在過去的生命體驗中，我們是被動參與的，或者說接受別人強加在自己身上的意志，那麼我們就不是在做自己。反過來說，倘若我們主動參與了過去的生命體驗，今日的生活狀態、工作或戀人，都是我們自己心甘情願選擇而得到的結果，那麼不管你現在是快樂還是痛苦，你能感覺到你在做自己。

當你感覺不是在做自己，那麼，無論別人強加給你的意志如何美好和偉大，你都不會感到由衷的開心和幸福。你會覺得心靈空虛，沒有著落，缺乏安全感，不知道現在的生活是不是自己想要的，有時精神還會失去控制，甚至做出一些自毀或傷害別人的事。這些不正常的行為，其實就是你的內心在進行強制性的反抗，不願繼續接受別人強加給自己的意志。

　　因此，身為父母，不應該將自己的意志強加在子女身上，藉助他們完成自己的夢想。你認為成為律師、科學家、鋼琴家、舞蹈家……這些就意味著成功，意味著衣食無憂，但孩子卻不一定這樣想，孩子的內心需求不一定是這些。

　　無論是在親子關係、夫妻關係還是朋友關係當中，我們都應該學會尊重對方，尊重他們的意願，尊重他們的選擇，並多多換位思考，感受他們的內心需求和理想。

　　如此一來，你就能平靜地享受和周圍人群建立的關係，自然而然地幫助對方，而不是將恩惠強加在對方身上，也不會在對方無法給予自己相應回報的時候心懷不滿，能夠更認真地對待自己該做的事。

電子書購買

爽讀 APP

國家圖書館出版品預行編目資料

優勢賽局，心理學思維下的欲望陷阱：囚徒困境
× 最後通牒 × 帕雷托最適 × 厄爾法羅酒吧問
題，從混亂中找出秩序，獲得最佳資源分配！ /
穆臣剛 著 . -- 第一版 . -- 臺北市：崧燁文化事業
有限公司 , 2024.07
面；　公分
POD 版
ISBN 978-626-394-487-9(平裝)
1.CST: 成功法 2.CST: 博奕論
177.2　　　113009196

優勢賽局，心理學思維下的欲望陷阱：囚徒困境 × 最後通牒 × 帕雷托最適 × 厄爾法羅酒吧問題，從混亂中找出秩序，獲得最佳資源分配！

臉書

作　　　者：穆臣剛
責任編輯：高惠娟
發 行 人：黃振庭
出 版 者：崧燁文化事業有限公司
發 行 者：崧燁文化事業有限公司
E - m a i l：sonbookservice@gmail.com
粉 絲 頁：https://www.facebook.com/sonbookss/
網　　　址：https://sonbook.net/
地　　　址：台北市中正區重慶南路一段 61 號 8 樓
8F., No.61, Sec. 1, Chongqing S. Rd., Zhongzheng Dist., Taipei City 100, Taiwan
電　　　話：(02) 2370-3310　　　傳　　　真：(02) 2388-1990
印　　　刷：京峯數位服務有限公司
律師顧問：廣華律師事務所 張珮琦律師

定　　　價：375 元
發行日期：2024 年 07 月第一版
◎本書以 POD 印製